「探究学習」とはいうけれど

学びの「今」に向き合う

［編著］
探究学習研究会

清水優菜・村松灯・
田中智輝・荒井英治郎・
大林正史・松村智史・
古田雄一・武井哲郎・柏木智子

晃洋書房

本書の目的と特徴

　本書の目的は、探究学習を多角的に探究しながら、先生方と「もやもや」を共有し、一緒に悩むところにあります。先生方の悩みに「答える」のではなくて、「共有するだけ？」あるいは「一緒に悩むの？」と思われた方もいらっしゃるかもしれません。そうです、答えを示すことは難しいのではないかというのが、私たち探究学習研究会のメンバーの合意したところになります。そのため、たくさんの「もやもや」の中で、生徒の学びの「今」にいかに向き合うのかについて、さらに「もやもや」しながら議論を進めてまいりました。ただ、解のない解に向かって探究し続ける活動自体は一方でとてもわくわくするものであり、探究学習を探究するこの醍醐味を皆様とともに味わうことを願い、本書の執筆を進めました。

　近年、高校教育改革の中で探究学習の実施が求められています。そのため、探究学習に関する著書が多く刊行されています。その中には、Q&Aとして、実践上の悩みに対する役に立つ回答を示すものが多くあります。ただ、私たちのメンバーは、探究学習の研究を進めていくにしたがって、探究学習に関する先生方の悩みや不安はそれほど容易な次元から発せられているものではないのではないかという結論にたどり着きました。むしろ、これまで諸々の学問分野で議論されてきた深い問いにまつわるものが多いのではないかと考えています。

　というのも探究学習とは、生徒が民主主義社会を形成する主体となるための学習活動であるといえるからです。以下で、探究学習と民主主義社会との関連について少し説明をしたいと思います。探究学習を通じて創られようとしている社会は、公正な民主主義社会ではないかと考えられます。それは、多数決原理により、強者が弱者をコントロールする社会ではなく、分配原理を基本として社会経済的不平等の縮小を模索し続ける社会です。これは、公正に端的に示されます。

　公正とは、近年の教育政策の中核的価値として提示されている概念であり

（総合科学技術・イノベーション会議 2022）、社会経済的不平等を縮小するために、公的な制度による普遍的保障、および公的機関と個々人による資源の再分配・分配を遂行しつつある状態を指し示す理念と捉えられます（柏木 2023）。つまり、一部の人々の不利や困難を社会の構造上の問題の結果として捉え、その責任を社会で引き受け、そのために普遍的保障の底上げを図るとともに、物的な資源をはじめとして、時間や労力といった資源を不利や困難を抱える人々に重点的に分配することを推し進めようとする理念となります。

　公正では、弱さをもつ人間がプレカリティ（不利が差別的に配分される不安定性）の中で、連帯して排除を克服し、自由をともに行使することが求められます（Buttler 2015＝2018）。そして、人間の相互依存性を原理とする平等の達成が政治的行為の条件であり、特徴であり、目的となります。この考え方は人間にのみあてはまるものではなく、あらゆる生物学的ネットワークについて思慮する際の原点を示すところとなります。つまり、公正には自然環境の問題を含め、あらゆる社会課題に向き合うときの思考の仕方が表れています。

　これは、民主主義を単なる政治形態ではなく、共生の作法という個々人の「生き方」であり、共同生活（community life）そのものの観念であり、人々を自由に、そして精神を豊かにする交流が織りなす生活の名称として捉えるデューイ（1927＝1969等）の考えと符合するものです。そして、探究活動は、こうしたデューイの考え方のもとで模索された民主主義社会に参加するための学習活動と重なります。

　したがって、探究学習の目標で提示される「自己の在り方生き方を考えながら」とは、公正な民主主義社会を形成する主体としての自己を考えることに他なりません。この目標を達成するためになされる教育活動上で生じる悩みというのは、そもそも民主主義社会とは何なのか、それはどう形成されるものなのか、そのための学びとは一体どういったものなのか、そこでの学校や教師の役割は何なのかという壮大な問いに関連するところとなります。

　そのため、先生方の悩みや疑問にお答えするというよりも、それらを共有し、一緒に考えるところをもって「何らかの応答をさせていただきたい」というのが本研究会メンバーの意向です。そして、『「探究学習」とはいうけれど』とい

うタイトルのとおり、私たちのスタンスは、「探究学習を進めるようにいわれても、本当に難しいですよね、どうしたらいいんでしょうか」と、先生方と一緒に悩むところに重きを置いています。もちろん、一緒に悩むといいましても、探究学習を切り口に教育事象を共に解釈していくという試みを行いたいと思っています。つまり、先生方の悩みの真意を解釈し、もしかすると、その悩みはこれまでの学問が扱ってきたこの議論や理論と通じてくるのではないか、答えは示せないけれれども、それならこういう考え方で捉えると発想の転換が起きて、悩みの質が変わってくるのではないか、そうしたものを記していくつもりです。

　例えば、調べ学習ではいけないといわれるけれど、ところで調べ学習ってそんなにいけないものなんだろうか、私たち研究者は調べ学習をしてはいないんだろうか、そもそも調べ学習って何だろうか、もしかして相当広い意味をもっているものなのではないだろうか、といういくつもの問い直しを行います。そのプロセスは、探究学習そのものに関連する真正な問いを組み立てるものとなります。その上で、探究学習自体の捉え直しを図りたいと思っています。したがって、本書では、学術的・理論的知見をもとに悩みや問題に多角的にアプローチすることで、悩みや問題そのものの問い直しを行い、新たな見地から実践を組み立て直すための視座を提供することをめざしています。

　それゆえ、本書の特徴の1つ目は、それぞれの悩みの本質に迫るところから、それをどう捉えればいいのか、そこにどういう意味があるのかを考察しているところにあります。そして、悩みを多角的に見られる知見を得られることで、悩みの質的転換を図り、不安の軽減に資することができればと考えています。この作業は、先生方の悩みを教育や社会の本質と関連させて問いを投げ返し、「もやもや」をどう真正な問いに転換するのかというものであります。したがって、本書の論考では、探究学習はなぜこんなに悩ましいのかという悩みの問い直しを通じて、学びや学校や教師の役割をメタ的に捉えようとしています。

　本書の特徴の2つ目は、豊富なデータ分析や事例研究から実態把握をしつつ、幅の広い分野横断的な理論的考察を行っているところにあります。まず、第Ⅰ部では、先生方や生徒の悩みについて、探究学習に関する不安と困難さの2つ

の観点から、データを用いて実証的に解明しています。これまで、このような分析はなされておらず、重要な知見であるといえます。次に、第Ⅰ・Ⅱ部を通して、データや事例の分析を行いながら、「探究学習」の悩みや本質について、哲学・社会学・心理学・経営学・行政学等の理論や学問領域の知見を援用して考察しています。本書は、専門分野も研究手法も異なる執筆者による学際的なアプローチにより、論を進めています。

　本書は、2部構成となっています。第Ⅰ部では、第1章にて新学力観について論じた上で、第2章で探究学習をめぐる政策動向と探究学習の論点を整理し、第3章ではその効果について検討します。第4章では、探究学習に関する生徒・教員の意識調査結果から、悩みを導出するための分析を行います。続く第Ⅱ部では、第Ⅰ部の分析結果を踏まえ、それぞれの悩みを問うていきます。第1章は課題の設定について、第2章は調べ学習を超えた探究学習のデザインについて、第3章は第2章を踏まえての探究学習の具体的な指導プロセスについて、第4章は評価について、第5章は生徒への伴走について、第6章は教員間の探究学習に対する温度差について、第7章は生徒の動機付けについて考察を行います。

　章によって内容構成は異なりますが、おおよそ各章の後半から最後に「どんでん返し」とまではいかないまでも問い直しや問い返しを行っています。そのため、各章の最後まで読み進めていただくことをお勧めいたします。本書が皆様の実践と学術的発展に少しでも貢献することができれば幸いです。

文献

柏木智子（2023）「公正な社会の形成に資する学校と教員の役割——社会の分断を防ぐケア論に着目して」『教育学年報』第14号、世織書房、183-204頁。

総合科学技術・イノベーション会議（2022）「Society5.0の実現に向けた教育・人材育成に関する政策パッケージ」。

Butler, J. (2015) Notes Toward A Performative Theory of Assembly, Harvard College, (J.バトラー『アセンブリ』佐藤嘉幸・清水知子訳、青土社、2018年).

Dewey, J. (1927) *The Public and Its Problems,* New York: Holt, (J.デューイ『現代政治の基礎』阿部斉訳、みすず書房、1969年).

目　　次

第Ⅰ部　探究学習の『もやもや』を探る

第Ⅱ部　探究学習の『？』から考える

第 Ⅰ 部

探究学習の
「もやもや」を探る

第1章

探究学習を支える新しい学力観と
そのジレンマ

「探究学習」は、今日の学校教育におけるホットワードの一つになっています。特に高等学校では、2018（平成30）年告示の現行学習指導要領において、「総合的な学習の時間」が「総合的な探究の時間」に名称変更されたり、「理数探究」や「古典探究」など「探究」と名のつく科目が新設されたりするなど、重要な位置付けを与えられているといってよいでしょう。本書の読者のなかにも、こうした近年の動向に合わせて探究学習への取組を始められたという方が多くいらっしゃるかもしれません。

しかし、歴史的、国際的に見てみると、探究学習をめぐる議論は、近年の動向のなかで突如現れた「全く新しい考え方」というわけではありません。それは、1990年代後半以降、世界的に進められてきた教育改革の流れに位置付くもので、この流れのなかで学力観（何を学校教育において育成すべき「学力」と見なすのか）が根本から問い直されてきました。

そこで本章では、探究学習の重要性が論じられるようになった経緯や、探究学習をめぐる国際的な動向について、特に学力観の転換という観点から検討していきます。探究学習を支えている新しい学力観とはどのようなものなのかを明らかにするとともに、そうした新しい学力観に内在する矛盾やジレンマについても考察し、私たちの「もやもや」について原理的にアプローチしていきたいと思います。さっそく、検討を始めましょう。

第1節　日本における学校教育改革

探究学習の政策的起源の一つは、小学校・中学校では1998（平成10）年告示の学習指導要領、高等学校では1999（平成11）年告示の学習指導要領で新設さ

れた「総合的な学習の時間」にあります。先述したように、「総合的な学習の
時間」は、高等学校では現行学習指導要領で「総合的な探究の時間」へと名称
変更されたわけですが、「総合的な学習の時間」の新設から名称変更までの20
年間は、探究学習の導入と普及のみならず、日本の学校教育全体が大きく転換
した時期でもありました。

　ここでは、３つの象徴的な出来事に着目してみましょう。１つ目は、先述し
た1998（平成10）年ないし1999（平成11）年告示の学習指導要領において、自ら
学び自ら考える力などの「生きる力」を育むという理念が掲げられたことです。
1990年代の日本では、バブル経済の崩壊によって様々な「格差」が社会問題化
し、経済成長モデルの見直しが急務となっていました。また、1996（平成８）
年の中央教育審議会第一次答申「21世紀を展望した我が国の教育の在り方につ
いて」では、受験競争の低年齢化によって子どもたちが「ゆとりのない生活」
を送っていることや、学年が上がるにつれて学校生活への満足度が低下してい
く傾向があること、いじめや不登校の増加など、子どもたちの学びや生活をめ
ぐる問題状況が指摘され、高度経済成長期以来の学校教育のあり方を根本的に
見直す必要があるとされました。こうした指摘を踏まえて、1998（平成10）年
ないし1999（平成11）年告示の学習指導要領では、「生きる力」の育成という理
念のもと、多くの知識を詰め込む教育を転換し、子どもたちが自ら学び自ら考
える力や、豊かな人間性を育むことを重視することになったのです。「総合的
な学習の時間」は、こうした趣旨を実現するために極めて重要な役割を担うも
のとして新設されました（この点については、次章で詳しく検討します）。

　２つ目は、2007（平成19）年６月の学校教育法改正です。この改正では、「学
力の三要素」として「基礎的な知識及び技能」「思考力、判断力、表現力等の
能力」「主体的に学習に向かう態度」が挙げられ、それらを育むために「習
得・活用・探究」を意識した学習活動が求められるようになりました。学校教
育法はその後も複数回にわたって改正されていますが、「学力の三要素」を規
定する条文に変更はありません。現行学習指導要領で示されている資質・能力
の３つの柱（知識・技能、思考力・判断力・表現力等、学びに向かう力・人間性）も、
この規定に基づいています。知識や技能を「習得」するだけでなく、思考力・

判断力・表現力といった汎用的能力をもとに、習得した知識や技能を「活用」して課題を「探究」したり、問題解決をめざしたりすることを重視することが示されているという点で、それまでの学力観ないし学習観からの転換を法令レベルで宣言するものだったといえます。

　3つ目は、2012（平成24）年8月の中央教育審議会諮問以降に取り組まれてきた「高大接続改革」です。高大接続改革は、学校教育法に示された「学力の三要素」を軸に、高校教育・大学教育・大学入学者選抜（大学入試）を一体的に改革しようとするもので、とりわけ大学入試については、新しい学力を多面的に評価することをめざし、2021（令和3）年1月から大学入学共通テストが導入されました。改革の目玉とされた記述式問題の導入は延期となり、当初よりもトーンダウンしたといわざるをえないものの、新しい学力観や学習観に応じて、それを評価する入学者選抜のあり方も制度レベルで変更したわけですから、やはり重要な意味をもつ転換であったといえるでしょう。

　このように見てみると、日本では1990年代後半から2010年代までの20年ほどの間に、新しい学力観への転換が謳われ、それが具体的な法令や制度、教育課程などに反映されてきたことがわかります。今日における探究学習の重要性をめぐる議論は、こうしたより広い学校教育改革の文脈のなかに位置付けられるのです。

第2節　国際的な教育改革の動向

　とはいえ、このような改革動向は、日本だけに特有のものというわけではありません。1990年代後半以降、新しい学力観への転換を軸とした教育改革が進められていることは、先進諸国にある程度共通した動向といえます。

　日本を含む先進諸国において教育改革が進められる一つのきっかけとなり、今なお各国の教育政策に多大な影響を与えているものとして、経済協力開発機構（OECD）が実施する国際学習到達度調査（PISA: Programme for International Student Assessment、以下 PISA）を挙げることができます。周知のとおり、PISA は、多くの国で義務教育の修了段階にあたる15歳児を対象にした国際学

力調査で、これまで身に付けてきた知識や技能を、実生活の様々な場面で直面する課題にどの程度活用できるかを評価しています。2000年の第１回調査以降、原則として３年ごとに実施されていますが、その調査結果は毎回公表され、順位やスコア等の国際比較データが、各国の教育政策をめぐる議論に大きな影響を与えるところとなっています。

　ここで重要なのは、PISA が「学力」として測っているものが、子どもたちがこれまで身に付けてきた知識や技能そのものではなく、それらを社会的な課題の解決のためにどの程度活用できるかであるという点です。PISA は新たな学力観を打ち出した国際学力調査として、各国の教育関係者に画期的なものと受け止められました。

　PISA に見られる学力観は、1997年から2003年にかけて実施された OECD による「能力の定義と選択」（DeSeCo : Definition and Selection of Competencies）プロジェクトの成果である、「キー・コンピテンシー」の考え方を理論的基盤にしています。DeSeCo プロジェクトでは、1970年代から主に経済の領域で普及し様々に解釈されてきた能力概念である「コンピテンス」について、「特定の文脈における複雑な要求（認知的側面・非認知的側面の両方を含む）に対して、心理社会的な前提条件の結集を通じてうまく対応する能力」として定義し（松下編 2010）、その中でも今後特に重要になる「キー・コンピテンシー」を、以下の３つのカテゴリーに整理しました。すなわち、① 道具を相互作用的に活用する能力（個人と社会との相互関係）、② 異質な人々からなる集団で相互に関わりあう能力（自己と他者との相互関係）、③ 自律的に行動する能力（個人の自律性と主体性）です。PISA では、この３つのカテゴリーのうち、特に①に関わる部分（知識や技能を活用して、社会的課題を解決する能力）を測っているということになります。

　「キー・コンピテンシー」や PISA に見られる学力についての考え方は、世界各国のその後の教育改革を方向付けることとなりました。日本における「生きる力」や「学力の三要素」が前提としている学力観も、実はこの「キー・コンピテンシー」ないし「PISA 型学力」に源流をもつものと考えられます（実際、文部科学省は、「生きる力」の育成という理念は、「キー・コンピテンシー」の考え方を

先取りするものであったと説明しています）。OECD はその後も、「21世紀型スキル」や「エージェンシー」概念など、学力に関する新しい理論を提唱し続けていますが、「キー・コンピテンシー」ないし「PISA 型学力」の考え方が提示したパラダイムに、根本的な変更は加えられていないように思われます。「キー・コンピテンシー」以降の様々な学力概念に共通するのは、知識の習得だけでなく、知識を活用して課題を解決するスキルや、学習に関するメタ認知的なスキル、対人関係に関するスキルなどを、幅広く「学力」として捉える考え方です。例えば、国立教育政策研究所では、諸外国のカリキュラムに見られる「資質・能力」の目標を分析し、それらが ① 言語や数、情報を扱う「基礎的リテラシー」、② 思考力や学び方の学びを中心とする「認知スキル」、③ 社会や他者との関係やその中での自律に関わる「社会スキル」の 3 つに大別されると結論付けています（国立教育政策研究所 2016：23-24）。新しい学力観は、各国の教育制度のなかにも十分に浸透しつつあるといえるでしょう。

　しかし、そもそもなぜ、1990年代後半に「キー・コンピテンシー」のような新しい学力観が提唱され、多くの国々でこうした学力観への転換が生じたのでしょうか。その背景には、工業社会から知識基盤社会へという、社会の変化があるといわれています。

　社会のあらゆる領域で知識や情報が極めて重要な役割を果たす「知識基盤社会」においては、工業社会とは全く異なる経済モデルに移行します。すなわち、工業社会における大量生産・大量消費に変わり、知識基盤社会の経済モデルは、常に変化し続ける消費者の多様なニーズに応じて、多様化・差異化・差別化されていくことになるのです。また、こうした時代のなかで、とりわけ先進国では、知識や情報、技術、サービスの絶え間ない革新（イノベーション）が求められるとともに、そうした加速度的な変化によって既存の知識や技術がすぐに通用しなくなるという事態が生じています。こうした変化が激しく、予測のつかない社会においては、何を知っているか（コンテンツ）だけでなく、それらを活用して何ができるのか（コンピテンシー）が問われるようになるというわけです。なお、工業社会から知識基盤社会への移行は、1980年代後半には認識されるようになったといわれています（松尾 2017）。

　こうした議論を踏まえて、「キー・コンピテンシー」以降の各国における教育改革の動向を、「コンテンツ・ベースの教育」から「コンピテンシー・ベースの教育」への転換と形容することがあります。こうした転換は、教育だけでなく社会の変化、とりわけ経済モデルの変化に応じて生じているのであり、幅広い射程で検討していく必要があります。

▌第3節　新しい学力観が提起する問題

　前節では、探究学習への取組が、1990年代後半以降の世界的な教育改革の流れのなかに位置付けられることを示しました。探究学習をめぐる議論には、知識基盤社会の到来と、そうした社会において必要とされる新しい学力の育成という、社会や学校教育のあり方の根幹に関わる論点が関わっているのです。しかし、そこには同時に、根本的な矛盾やジレンマも内在しています。ここでは、そうした矛盾やジレンマをいくつか素描してみたいと思います。

　まず指摘できるのは、「新しい学力観」への転換を柱とする教育改革においても、社会（とりわけ経済社会）からの要請によって「学力」の内実が規定されるという構造そのものは変更されていないという点です。ここまで検討してきたとおり、一連の教育改革では学校と社会の接続のあり方が見直され、これからの社会（知識基盤社会）において必要とされる力を、学校教育において育成すべき「学力」として位置付け直す形で、新しい学力観が形成されてきました。例えば、現行学習指導要領では「社会に開かれた教育課程」という理念が掲げられていますが、これはまさに、学校と社会の接続・連携を重視する考え方を象徴的に表す理念であるといえるでしょう。近代学校は伝統的に、子どもを社会から保護する空間として機能し、社会とは異なる独自の論理によって運営されてきました（アリエス 1980；モレンハウアー 1987）。このことには一定の意義があったのですが、学校と社会との乖離が大きくなるにつれ、学校で学ぶことにどのような意義があるのかが曖昧になってきたのです。この意味では、学校教育の社会的レリヴァンス（接続・連携）を強調する考え方は非常に重要です。問題は、この「社会的レリヴァンス」が、しばしば「社会への適応」と同義のも

のと捉えられているように思える点です。その問題性は、例えば「これからの社会では、知識を習得するだけでなく、知識を生み出したり活用したりして、イノベーションを起こせる人材が求められる」といわれるとき、より一層明確になるでしょう。イノベーションが既存の社会にはない革新的なものを生み出すことを意味する以上、「社会の要請に応えられるイノベーティブな人材」を育成するというのは語義矛盾でしかないからです。しかし、実際には、こうした目標が掲げられていることも多いのではないでしょうか。

　また、2つ目の矛盾ないしジレンマとして、新しい学力観においても、学力を個人に内属する資質・能力として捉える見方は、必ずしも変更されていないという点が挙げられます。「キー・コンピテンシー」を嚆矢とする新しい学力観には、異質な他者とともに生き、互いに協力しながら社会的な課題を解決していくためのスキルなど、社会性や協同性に関わる資質・能力も含まれています。日本においても、こうした資質・能力を育むために、「対話的な学び」の重要性が論じられているところです。この点では、関係論的な学力観への移行がなされているようにも見えます。しかし、こうした社会性や協同性が、コミュニケーション・スキルや社会的責任の自覚など、あくまで個人の「スキル」や「資質・能力」によって支えられるという前提に変更はありません。結局のところ、新しい学力観においても、個人主義的な学力の捉え方であることは変わらないといえそうです。けれども、社会性や協同性を、個人に内在する資質・能力として理解してしまってよいのでしょうか。例として何人かが集まって共同作業をする場面を考えてみますと、その共同作業がうまくいくかどうか（コミュニケーションが円滑に行われるか、多様な課題解決のアイディアが生まれるか、など）は、集まった人々の関係性や場の雰囲気といった、個人の能力とは異なる条件によって大きく左右されるように思われます。一人ひとりの資質・能力は変わらなくても、誰と共同作業するのか、どのような雰囲気のなかで、何をめざして共同するのか等々によってパフォーマンスが変わるということは、十分にありえることです。むしろ、そうした一人ひとりの能力や意図を超えたダイナミズムが生じることこそが、人々が集まる意義であり、社会性や協同性は個人の資質・能力の単なる総計とは異なる次元を含んでいるのではないでしょ

うか。個人主義的学力観を手放すことで、個人を他者や社会とのつながりのなかで捉え直し、個人の資質・能力もまた他者や社会に開かれたものとして捉え直すことにつながるかもしれません。

　3つ目は、学びの「真正性」をめぐるジレンマです。繰り返しになりますが、新しい学力観においては、知識を習得するだけでなく、知識を活用して課題を解決することが重視されます。1つ目とも関わりますが、ここで扱われる「課題」は、学校のなかで完結するような「学習活動のための課題」ではなく、社会において実際に問題となっている「本物の（真正な）課題」であることが望ましいとされます。PISAで測られていたのも、知識を活用して「実生活で直面しうる様々な課題」を解決する力でした。探究学習においても、子どもたちが社会生活を送るなかで解決することが必要だと思えるような、真正な社会課題を題材とすることが重要だといわれています。しかし、「真正な学び」は、いわゆる「指導」や「評価」とは相性が悪い側面があります。というのも、実生活のなかで直面するような真正な社会課題は、極めて複雑なコンテクストのうえに生じていて、課題解決をめざすとしても、そうした問題状況についてどのように分析し判断するのか、そもそも何をもって「解決」とするのかについて、誰も正解を持ちえないからです。例えば、松下良平は、「知識の習得と活用の間のギャップは、知識を用いるスキルではなくコンテクスト次第で、容易に埋められたり、逆に広くて深い裂け目になったりする」と論じています（松下編 2019：185）。「割合などの知識やネット等で商品価格を調べる技能を活用して、Xという商品の値段を比較する場面」を例に松下が指摘するのは、これが実際の生活のなかで生じた場合には、「当の知識や技能はしばしば活用されなくなる」という点です。というのも、実際の場面では、私たちは価格の安さだけで買うかどうかを決めているわけではなく、価格以外（例えば、機能や流行、アフターケアの有無等）でXという商品を買うかどうかを判断する場合には、そもそも価格の比較をしようとすら思わないからです。逆にいえば、問題状況の定義や解決の方向性、活用されるべき知識や技能の範囲をある程度限定しておかなければ、課題を「教材」として機能させることは難しいということになります。学びの真正性を突きつめていくと、何がどのように学ばれるのか、さら

にいえば、学びが生じるのかどうかさえ、偶然性に委ねられていくことになるといえるでしょう。もちろん、この偶然性は学習者の主体性や自由と表裏一体のものであって、真正な学びが本来的に「指導」や「評価」となじまないことには、ポジティブな含意もあるといえます。学びの真正性を重視するのであれば、こうしたジレンマに向き合い、「指導」や「評価」によって失われるものに自覚的になる必要があるのではないでしょうか。

　真正な学びをめぐっては、さらに別の問題もあります。端的にいえば、それは、学校における学びの意義をめぐる問題です。学びの真正性を重視するのなら、なぜ社会生活のなかで学ぶのではなく、わざわざ学校で学ぶ必要があるのか——、こうした疑問が生じることはある意味で自然であるともいえます。確かに、学校は教育や学びに関わる場の一つにすぎず、多様な社会的アクターがそれぞれの強みを生かして教育や学びに関わっていくことは、望ましいことといえるかもしれません。しかし、それだからこそ、学校という場がもつ強みや弱点、あるいは、学校や教師に固有の役割がどこにあるのかを明らかにしていくことは、今後特に重要になってくるのではないでしょうか。

　さて、本節では、新しい学力観への転換に内在する矛盾やジレンマを検討してきました。探究学習に取り組むことは、こうした矛盾やジレンマと向き合うことに他なりません。このように見てみると、探究学習をめぐって様々な「お悩み」が生じていることは、至極当然のことのように思えます。探究学習への取組を進めることで、学校と社会の関係をどのように考えるか、学校における学びの意義はどこにあるのか、「学力」とは何か、何のために・何に向けて教育するのかといった、学校教育の意義や役割に関する根本的な問いに突き当たることになるからです。これらの問いは根本的なものであるがゆえに、答えを見出すことも容易ではありません。本書を執筆している私たちも、「探究学習とはいうけれど……」という思いのもと、こうした問いと向き合い続けています。以下の章では、探究学習をめぐる政策動向や、日本各地の学校において現在進行形で取り組まれている格闘のリアルを知ったうえで（第Ⅰ部第2章・第3章・第4章）、個別の「お悩み」について一緒に考えていきましょう（第Ⅱ部）。

引用文献

アリエス、P.（1980）『〈子供〉の誕生──アンシャンレジーム期の子供と家族生活』杉山光信・杉山恵美子訳、みすず書房。

国立教育政策研究所編（2016）『資質・能力（理論編）』東洋館出版社。

松尾知明（2017）「21世紀に求められるコンピテンシーと国内外の教育課程改革」『国立教育政策研究所紀要』146、9-12。

松下佳代編著（2010）『「新しい能力」は教育を変えるか──学力・リテラシー・コンピテンシー』ミネルヴァ書房。

松下佳代編著（2019）『深い学びを紡ぎ出す──教科と子どもの視点から』勁草書房。

モレンハウアー、K.（1987）『忘れられた連関──「教える─学ぶ」とは何か』今井康雄訳、みすず書房。

（村松　灯）

第2章

探究学習をめぐる政策動向と
探究の過程

第1節　VUCA 時代の到来と再帰的近代

　Volatility（変動性）、Uncertainty（不確実性）、Complexity（複雑性）、Ambiguity（曖昧性）の頭文字を取った造語で、「予測困難な時代」を象徴するVUCA というキーワードを目にする機会が増えていますが、コロナ禍はまさに VUCA 時代の到来を私たちに体感させました。また、社会課題に対する唯一の正解が存在し得ない時代状況において、ChatGPT、BingAI、Bard、Midjourney、Stable Diffusion などの生成 AI を好例とするように、与えられた目的の中で大量の情報を高速処理する人工知能の存在感が日に日に増しています。私たちには個人の人生の目的や社会全体のあり方の意味が投げかけられ、物事の自明性（当たり前）や正統性が絶えず問い直されています。英国の社会学者アンソニー・ギデンズが「再帰性（reexivity）」という言葉で表現したように（ギデンズ 1993）、社会も個人も再帰的に変容され続けなければならない対象となっているのです。このような「再帰的近代」において、どうしたら立場・見解の相違を前提としながら、他者と協働し、学び合い支え合う社会を創造していくことができるでしょうか。[1]

　以下では、第1に、探究学習をめぐる政策動向を「総合的な探究の時間」の創設に着目して概括します。第2に、文部科学省『高等学校学習指導要領解説　総合的な探究の時間編』（平成30年7月）を参照しながら（以下、『解説』と表記）、探究の定義や目的を確認した上で、探究の過程における指導・支援上の論点を概括します。第3に、学習者のキャリア発達を支援する観点から探究学習を展開していくことの意義を論じます。[2]

第2節　探究学習をめぐる政策動向

1　学習指導要領の改訂

　日本の教育課程は、各教科等の連携を意識した一部の実践を除いて、教科中心で構成されてきました。これに対して、1996（平成8）年7月19日発表の中教審第一次答申「21世紀を展望した我が国の教育の在り方について」の中で、「横断的・総合的な学習の推進」の観点から示された「総合的な学習の時間」が、1998（平成10）年告示の学習指導要領で新設されました。そこでは、「国際理解、情報、環境のほか、ボランティア、自然体験などについての総合的な学習や課題学習、体験的な学習等」が例示され、「子供たちの発達段階や学校段階、学校や地域の実態等に応じて、各学校の判断により、その創意工夫を生かして展開される必要がある」と述べられていました。

　また、1998年（平成10）年7月29日の教育課程審議会答申「幼稚園、小学校、中学校、高等学校、もう学校、聾学校及び養護学校の教育課程の基準について」では、自ら学び自ら考える力などの「生きる力」を育むことをめざす教育課程の基準の改善の趣旨を実現していく上で極めて重要な役割を担うものとして、「総合的な学習の時間」の創設が提言され、1998（平成10）年12月14日告示の小学校及び中学校の学習指導要領、1999（平成11）3月29日告示の高等学校の学習指導要領において具体化されていくことになります。総合的な学習の時間は、教育課程を編成するものとして、各教科、道徳、特別活動とともに学校教育法施行規則や学習指導要領総則に正式に位置付けられることになるのです。

　その後、2003（平成15）年の学習指導要領の一部改正では、① 教科・科目や特別活動で習得した知識・技能等を関連付け総合的に働くようにすること、② 各学校が当該時間の目標や内容を定めながら全体計画を作成すること、③ 生徒の学習状況に応じて教師が適切な指導を行い、学校内外の教育資源を積極的に活用する必要があることが明確にされ、続く2009（平成21）年の改訂では、当該時間を「探究的な学習」として充実させていくことが目標に明示されるに至ります。また、各学校の取組状況のばらつきに鑑みて、当該時間を通じて育

成が期待される「資質・能力」の視点を重視していくことも謳われました。以後、探究活動の過程に、体験活動や他者との協働的な学習機会を適切に位置付けていくことが強調されていくことになります。

2　「総合的な学習の時間」から「総合的な探究の時間」へ

　2018（平成30）年 3 月30日の学校教育法施行規則の一部改正と高等学校学習指導要領の改訂を経て、①「知識及び技能」、②「思考力、判断力、表現力等」、③「学びに向かう力、人間性等」という 3 本柱で捉えられる資質・能力の育成がめざされることとなりました。そして、「総合的な学習の時間」は「総合的な探究の時間」と名称変更され、「探究」を軸とした実践の展開が期待されていくことになります。

　学習指導要領の『解説』によれば、名称変更の理由として、(「育成を目指す資質・能力の明確化」、「『主体的・対話的で深い学び』の実現に向けた授業改善の推進」、「各学校におけるカリキュラム・マネジメントの推進」といった) 学習指導要領全体の「改訂の基本方針」を踏まえて、小・中学校における総合的な学習の時間の取組の成果を生かしつつ、より探究的な活動を重視する視点から、教育課程における「位置付けを明確化し直す」ことの必要性が挙げられています (『解説』 8 頁)。そして、『解説』では、以下の 2 点に則してその内容が説明されています。少し丁寧に見ていきましょう。

　第 1 は、「質の高い探究の実現」という要請です。『解説』では、質の高い探究の実現のためには、探究の「高度化」と「自律化」が必要であるとされました。探究の「高度化」の条件として、① 目的と解決の方法に矛盾がないこと (整合性)、② 適切に資質・能力を活用していること (効果性)、③ 焦点化し深く掘り下げて探究していること (鋭角性)、④ 幅広い可能性を視野に入れながら探究していること (広角性) が挙げられています (『解説』 9 頁)。また、探究の「自律化」の条件として、① 自分にとって関わりが深い課題になること (自己課題)、② 探究の過程を見通しつつ、自分の力で進められること (運用)、③ 得られた知見を生かして社会に参画しようとすること (社会参画) が挙げられています (『解説』 9 頁)。そして、これらの条件を満たす質の高い探究を実現して

いくことが、「自己の在り方生き方と一体的で不可分な課題を自ら発見し、解決していくこと」に連なるものとして位置付けられています（『解説』8頁）。小・中学校における「総合的な学習の時間」の目標（「課題を設定し、解決していくことで、自己の生き方を考えていく」）との共通点・相違点を踏まえた場合、高等学校では小・中学校からの探究学習の「連続性」に止まらず、「発展性」を強く意識していく必要があると言えるでしょう（朝倉・永田編 2019：41）。

　第2は、「教育課程における位置付けの一層の明確化」という要請です。今次の改訂では、新設された科目（「古典探究」「地理探究」「日本史探究」「世界史探究」「理数探究基礎」「理数探究」）の名称が物語るように、「探究」的な学びが重視されています。では、他の教科・科目と比較して、「総合的な探究の時間」の独自性・固有性はどこに求められるのでしょうか。『解説』では、「総合的な探究の時間」の対象・領域の独自性・固有性について、① 実社会や実生活における複雑な文脈の中にある事象であり、特定の教科・科目等に留まらない、横断的・総合的である点、② 様々な角度から俯瞰して捉え、考えること、つまりは、複数の教科・科目等における見方・考え方を総合的・統合的に働かせる点、③ 解決の道筋がすぐには明らかにならない課題や、唯一の正解が存在しない課題に対して、最適解や納得解を見いだすことを重視する点が挙げられています（『解説』10頁）。各教科・科目の探究では、教科の系統性や構造化された内容が強調されるのに対して、総合的な探究の時間の探究は、すぐれて総合性・統合性を意識したものと捉えることができます。

3　「総合的な探究の時間」の意義と目標

　これまでの「総合的な学習の時間」においては、その目標は、「横断的・総合的な学習や探究的な学習を通して、自ら課題を見付け、自ら学び、自ら考え、主体的に判断し、よりよく問題を解決する資質や能力を育成するとともに、学び方やものの考え方を身に付け、問題の解決や探究活動に主体的、創造的、協同的に取り組む態度を育て、自己の在り方生き方を考えることができるようにする」と記載されていました。他方で、「総合的な探究の時間」の目標は、次のように示されています。

第 1　目標

　探究の見方・考え方を働かせ、横断的・総合的な学習を行うことを通して、自己の在り方生き方を考えながら、よりよく課題を発見し解決していくための資質・能力を次のとおり育成することを目指す。

　（1）探究の過程において、課題の発見と解決に必要な知識及び技能を身に付け、課題に関わる概念を形成し、探究の意義や価値を理解するようにする。

　（2）実社会や実生活と自己との関わりから問いを見いだし、自分で課題を立て、情報を集め、整理・分析して、まとめ・表現することができるようにする。

　（3）探究に主体的・協働的に取り組むとともに、互いの良さを生かしながら、新たな価値を創造し、よりよい社会を実現しようとする態度を養う。

　第 1 に、前半部分では、質の高い探究過程のあり方が記載されています。注目すべきは、従前の「課題を解決することで自己の生き方を考えていく学び」（総合的な学習の時間）が「自己の在り方生き方と一体的で不可分な課題を自ら発見し、解決していくような学び」（総合的な探究の時間）と変更され、「自分自身」と「課題」との順序性や距離感（位置付け）が異なっている点です。『解説』では「両者の違いは、生徒の発達の段階において求められる探究の姿と関わっており、課題と自分自身との関係で考えることができる」と説明されており（『解説』8 頁）、学習者が主体的に課題発見・解決していくことを通じて探究の過程を学習していくこと、換言すれば、学びに対する主体性、課題発見・解決型の学び、資質・能力の育成が強調されていることがわかります。

　また、「自己の在り方生き方を考えながら」の意味に関しては、①「人や社会、自然との関わりにおいて、自らの生活や行動について考えて、社会や自然の一員として、人間として何をすべきか、どのようにすべきかなどを考えること」、②「自分にとっての学ぶことの意味や価値を考えること」（「取り組んだ学習活動を通して、自分の考えや意見を深めることであり、また、学習の有用感を味わうなど

して学ぶことの意味を自覚すること」)、③「これら二つを生かしながら、学んだことを現在及び将来の自己の在り方生き方につなげて考えること」と説明されています (『解説』14頁)。ここでは「社会的存在」としての自分を認識した上で、自分事として対象に向き合い当事者意識を持つこと、また学ぶことの意味を認識することを通じて、自身のキャリア発達につなげていくことの重要性が指摘されています。

　さらに、「よりよく課題を発見し解決していく」の意味に関しては、「解決の道筋がすぐには明らかにならない課題や、唯一の正解が存在しない課題などについても、自らの知識や技能等を総合的に働かせて、目前の具体的な課題に粘り強く対処し解決しようとすること」と説明され、学習者自身が課題を発見すること、すなわち、①「自分と課題との関係を明らかにすること」、②「実社会や実生活と課題との関係をはっきりさせること」が肝要であることが改めて強調されています (『解説』14-15頁)。自己・社会課題と向き合い続ける学習者の姿勢がきわめて重要であるとされているのです。

　第2に、後半部分では、育成をめざす資質・能力に関して、(1) は生きて働く「知識・技能」の習得、(2) は未知の状況にも対応できる「思考力・判断力・表現力等」の育成、(3) は学びを人生や社会に生かそうとする「学びに向かう力・人間性等」の涵養と、今次の改訂で重視されている資質・能力の３つの柱との対応関係が示されています。本章のポイントに引き付けた場合、(1) では探究の意義や価値を理解するためにも、「身体性」(実感を伴う学び) が、(2) では自分と自分を取り巻く世界との関係性を意識していくためにも、「当事者性」(当事者意識を持てるような課題) が、(3) では既存社会の担い手に留まらず (既存社会の担い手論)、未来の民主主義社会の創り手として新しい価値を創造していくためにも (未来社会の創り手論)、「主体性」「他者性」「協働性」の要素が、探究学習において重要となるといえるでしょう。

第 3 節　探究の過程と指導・支援

1　探究の定義と意義

　『解説』によれば、探究は、「物事の本質を自己との関わりで探り見極めよう
とする一連の知的営み」と定義されています（『解説』12頁）。また、探究学習に
向き合う学習者の姿については、「① 日常生活や社会に目を向けた時に湧き上
がってくる疑問や関心に基づいて、自ら課題を見付け、② そこにある具体的
な問題について情報を収集し、③ その情報を整理・分析したり、知識や技能
に結び付けたり、考えを出し合ったりしながら問題の解決に取り組み、④ 明
らかになった考えや意見などをまとめ・表現し、そこからまた新たな課題を見
付け、更なる問題の解決を始めるといった学習活動を発展的に繰り返してい
く」ことと説明され、一連のサイクルがイメージされています（『解説』12頁）。

　図 I - 2 - 1 は、これを図示したものですが（『解説』12頁）、これまで探究プロ
セスを経験したことのない学習者にとっては、期待感より不安感が上回り、尻
込みしてしまうかもしれません。そこで、本章では、探究学習を「唯一の解が
存在しない問いと向き合い続ける習慣・姿勢を習得する学び」として位置付け

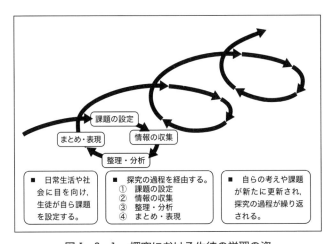

図 I - 2 - 1　探究における生徒の学習の姿

出典）『高等学校学習指導要領解説 総合的な探究の時間編』平成30年 7 月、12頁。

ていくことを提案します。ここには、キャリア教育の一環として探究学習を位置付け、生徒のキャリア発達を支援していく観点から教育課程全体を再構築していく意味合いが込められています。他者との協働を通じて、等身大の自分と向き合う機会を保障していくこと、そして、その経験を通して改めて自分自身のキャリアを展望していく営みとして探究学習を位置付けていくことは、生涯を通じて学び続け探究していく姿勢を育む環境を整えていこうとする「生涯学習社会」の実現（教育基本法第３条）に向けた取組とも重なり合うはずです。このように育成すべき資質・能力に注目しながら合意形成を図り、学校全体で取組を推進していくことは、探究学習の目的をめぐる教員間の意識のズレや温度差を打開していくきっかけの一つにもなるはずです（第Ⅱ部第６章参照）。

2　探究の過程と指導・支援上の論点

　総合的な探究の時間の「本質」とされる探究の過程は、① 課題の設定、② 情報の収集、③ 整理・分析、④ まとめ・表現の４つの過程・段階として捉えられることが多いです。これに対して、本章では、探究のサイクル性やループ性を重視する観点から、④ まとめ・表現の後に「リフレクション」（ふりかえり）の段階をより明確に位置付けていく必要があると考えています。以下、探究の過程を概括するとともに、指導・支援上の論点を示します。

（1）「課題の設定」に対する指導・支援

　「課題の設定」は、当事者性のある「テーマ」について、課題意識を持って向き合い、改めて「課題」として設定すること、すなわち、「問う」ことを指します。では、何を、どのように、問えばいいのでしょうか。かのアルバート・アインシュタインは「問題解決よりも、その前提となる問題を定義するほうが重要である」といった趣旨の名言を残していますが、「課題の設定」の難しさや悩ましさは、教員からも生徒からもよく見聞きします（第Ⅰ部第４章）。事実、「課題」というものは、突然舞い降りてくるものでも、誰かが与えてくれるものでもありません。自分にとって当事者性のあるテーマを、自分なりの「メガネ」（まなざし）でみること（見る・観る・視る・診る）、そして、捉え直して

いくこと（リフレーミング）ではじめて、単なる「テーマ」（research themes）が探求に耐えうる「探究課題」（research problems）として設定されていくことになります。従って、自分自身で課題を発見することは、「生みの苦しみ」と同じで、決して簡単なことではありません。例えば、『解説』では、ふさわしい探究課題として、① 現代的な諸課題に対応する横断的・総合的な課題、② 地域や学校の特色に応じた課題、③ 生徒の興味・関心に基づく課題、④ 職業や自己の進路に関する課題が例示されていますが（『解説』86-90頁）、抽象度が高く、なかなかイメージが湧かない方も多いのではないでしょうか。学びの「当事者性」の重視という観点を踏まえた場合、単なる「テーマ」を探究の「課題」たらしめていく条件として、① 自分とその課題との関係が明確になっていること、② その課題と実社会・生活の関係が明確になっていることが、さしあたりの物差しとなりそうです。そこでまずは、何気ない日常の一コマを切り取り、生活する上での違和感や理不尽さ、好きな／嫌いなことなど、自分の感情・気持ち（喜怒哀楽）と向き合いながら、思考のプロセスの可視化（見える化）を行っていく機会を設けてみてはいかがでしょうか（第Ⅱ部第1章参照）。この作業は、実は「自分」、「課題」、「実社会・生活」の相互関係を問い続けていくことの「助走」として位置付けられていることに後に気づくことになるでしょう。

　なお、学習者の等身大の感情・気持ちに対して、どのような立場の支援者がどのように向き合っていくことができるかは、その後の探究学習の展開を大きく方向付けることになります。「教授者としての教師」から、学習者の主体性に向き合い育み支える「伴走者としての支援者」へと、探究学習に対する教育関係者の関わり方の議論を深めていくことが喫緊課題となっているといえるでしょう（第Ⅱ部第5章参照）。

（2）「情報の収集」に対する指導・支援

　「情報の収集」とは、必要な情報を取り出したり収集したりすることを指します。そこでは、どのような性格（信頼性、正確性、客観性、適時性、網羅性など）を持つ情報を、どのように収集・蓄積していくことができるかが重要となりま

す（天野・太田・野津編 2008：136）。図書館や博物館等の所蔵・統計資料の収集
や新聞記事の読み比べなどは、探究課題の全体像の把握や論点整理に効果的な
取り組みとなります。また情報収集の方法は、インターネットのほか、アン
ケート、インタビュー、フィールドワーク、実験観察など、学習者が考えてい
る以上に多様に存在しています。学びの「身体性」の重視という観点を踏まえ
た場合、オンライン・データーベースだけでなく、生きた教材（生身の人間、地
域社会など）とのコミュニケーションを通じて得られる情報の蓄積も積極的に
検討してみてはいかがでしょうか。「情報収集」の試行錯誤は、「生涯探究者」
としての資質・能力の育成という目的にも適うものとなるはずです（第Ⅱ部第
2・3章参照）。

　なお、「情報の収集」の過程では、自分の見解（気づき・発見・アイディア）を
下支えする根拠・論拠は何か、その見解はどの程度主観性・客観性を伴うもの
であるのか自覚的である必要があります。クローズドエンドな問いに対して
「調べること」を中核に据える「調べ学習」と、オープンエンドな問いに対し
て「考えること」を中核に据える「探究学習」との違いを踏まえながら探究学
習を進めていくことも、「『学び方』を学ぶ」という点で重要な機会となるで
しょう（桑田 2016：11）。

（3）「整理・分析」に対する指導・支援

　「整理・分析」は、収集した情報を整理・分析して、思考することを指しま
す。この「整理・分析」は、後述の「まとめ・表現」とともに、一連の探究の
過程の中でもその「取組が十分ではない」という課題がかねてから指摘されて
いるものです（『解説』6頁）。

　第1に、「整理」に関して。物事の考え方・捉え方や思考方法には、いろい
ろな種類（順序付け、比較、分類、関連付け、理由付け、具体化・個別化・分解、抽象
化・一般化・統合、構造化など）があります（『解説』97頁）。収集した情報（一次資
料・二次資料など）をどのような観点（フレーム）で「整理」していくかは、後期
中等教育で経験すべき探究活動の真骨頂の一つでもあると言えますが（例えば、
ベン図、コンセプトマップ、二次元表、フィッシュボーンなどがあります）、学習者に

とってはまだまだ経験が少ないはずです（後藤・伊藤・登本 2014：66-67）。学びの「協働性」の重視という観点からは、「考えるための技法」（思考ツール・スキル）にはどのようなものがあるのか、グループメンバー等と協働しながら、「人類の叡智」の成果を共有し、日々の教育活動の中で試行的に活用してみることをオススメいたします。なお、『解説』においては探究の質を高めるための配慮点として、① 他者と協働して課題を解決しようとする学習活動、② 言語により分析し、まとめたり表現したりする学習活動、③「考えるための技法」が自在に活用されるようにすること等が挙げられています（『解説』49-52頁）。物事の多様な考え方・捉え方の存在を理解することは、これまでの自分自身の学び方を再認識・再吟味していく機会として積極的に位置付けていくことができるはずです。

　第 2 に「分析」に関して。「分析」は、自分の見解（気づき・発見・アイディア）を説得力ある形で再構築していく重要なプロセスです。分析といっても数値・割合等を活用した定量的分析や言語・画像・映像等を活用した定性的分析のほか、アンケート調査やインタビュー調査など、豊かな広がりがあります。またインタビュー調査といっても、構造化・半構造化・非構造化・グループインタビューなど、様々な方法が存在しています。どのような方法が適切か、特徴（長所と短所）を理解しながら試行錯誤を続けていくことが鍵となります。

（4）「まとめ・表現」に対する指導・支援

　「まとめ・表現」とは、自分の見解（気づき・発見・アイディア）をまとめ、判断・表現することを指します。最たる例であるプレゼンテーションは、話し手の見解を「説明」することを通じて、聞き手の「理解」と「納得」を得て、話し手の意図した結果を「伝える」ために行われるものです（永山・山﨑 2003：2）。コミュニケーションの語源はラテン語の「コムニス」（communis）といわれますが、その意味するところは、話し手と聞き手の間に感情や情報が共有されることにあります。「伝える」と「伝わる」とは、必ずしもイコールではありません。コミュニケーションにおいて何が「伝わる」かは、真摯な思いだけでは不十分で、受け手の受け止め方の要素が実のところ大きいのです。従って、相

手に何かを「伝える」ためには、相手の立場に立ちながら、「伝わる」言葉と「伝わる」方法を自覚的に選択していくことが重要となります。人の心を動かす条件とされる ① ロゴス（論理性）、② パトス（情熱）、③ エートス（信頼性）の３つを心に留めておく必要もあるでしょう。なお、いささか技術主義的ではありますが、資料等を活用する場合は、レイアウトや文字サイズ、色使いのほか、説明する順番にも目配せしてはいかがでしょうか。学びの「他者性」の重視という観点からも、聞き手にとってどうかという視座を大切にしてみてください。

（5）「リフレクション」に対する指導・支援

　「リフレクション」とは、自分自身で、そして、他者と共に、探究学習全体を振り返り、評価していくことを指します。その射程は、探究の成果（内容・結果）にとどまらず、探究の過程、そして、探究活動を展開してきた自分自身のあり方の更新にまで及ぶ広範なものを想定しておくことが重要です。英国の歴史家トーマス・カーライルは「経験は最良の教師である」と指摘していますが、米国の教育学者ジョン・デューイは「思考という要素を含まない経験は意味を持たない」とも述べています。リフレクションを通じて何らかの気づきを得たときにはじめて、その経験は「単なる経験」から「意味のある経験」になるというわけです。「アンラーン[4]」が求められる生涯探究者の姿勢としても、気づきを得るためにあえて立ち止まり、じっくりと自分自身の学びを振り返る機会を設けることは大きな意義があります。探究活動がこれまでの／これからの自分にとってどのような意味を持つのか（持ったのか）、リフレクションの醍醐味を体感できるような時間を丁寧に確保することは、カリキュラム・オーバーロード（教育課程の過積載）の問題が指摘されている日本の教育現場において、今まさに求められているのではないでしょうか。

　探究活動で何を感じ、何を得たのか（得られなかったのか）。予想された結果が得られず忸怩たる思いをすることも少なくないでしょう。しかし、失敗と成功を繰り返しながらでしか人は成長しません。探究は、結果だけではなく、その過程も意義ある学びとなり得るのです。探究の成果だけでなく、探究の各段階での感情の変化にも目配せしながら、じっくりリフレクションする機会を設け

ていくこと、言い換えれば、探究学習におけるリフレクションの質（の深さ）は、次の学びに対するモチベーションやキャリアの展望にも大きな影響を与えることになるのです（第Ⅱ部第 7 章参照）。

　なお、「評価」と言っても、多様な観点・方法（表現、言語活動の記録、観察記録、制作物、ポートフォリオ、自己評価、第三者評価など）があります。「何のための評価か」という原点を忘れてはいけません。[5]「ふりかえり」とは、過去の学びを未来の学びに生かすために行うべきものだからです（第Ⅱ部第 4 章参照）。

3　学びのパラダイムシフトと教育関係者の役割

　このように探究の過程は、①「過去」の問いを学ぶこと（これまでの既成概念や先行事例を知るなど）、②「現在」の問いを学ぶこと（今の前提・常識・当たり前を疑うなど）、③「未来」の問いを創ること（「過去」と「現在」の問いを結びつけながら課題解決の糸口を探り、これからの未来社会を創っていくための行動を起こすこと）と概括できそうです。「行動を起こす」という視点は、国連の SDGs の考え方、OECD Education2030 における「エージェンシー」（当事者意識を前提として、役割・責任を引き受けながら他者と協働し、振り返りや行動を通じて、自分たちの未来を自分たちで作っていく能力）の考え方とも通底するものです（白井 2020）。試行錯誤のサイクルは、様々な制約の中で個人の人生における「最適解」や「納得解」、さらには他者との関係における「共通了解」を探っていくという意味で、予測困難な時代を「共に生きる」という営みとも重なり合います。

　これまでの学びは、教科書の内容を計画的にこなし知識をインプット・アウトプットしていくような暗記・再生型の学びを前提とした授業が中心だったきらいがあります。これに対して、今後は、知識の習得・活用を前提としながら、学習者自らが設定した問いに向き合いながら思考を深め、さらに、思考したことをいろいろな方法でアウトプット（思考の外化）していく知識・活用型の学びが、より一層重視されていくことになります。また、ここに多様な評価の観点が入ることで、学習者自身が自分の成長（変容）を認識し、次のステップに踏み出せるような展開が期待されています。知識の「習得」「活用」「探究」のサイクルを絶えず回していくイメージです。こうした学びの転換は、「コンテン

ツ・ベース」（何を知っているか）から、「コンピテンシー・ベース」（何ができるか）の学びへのシフトと表現されることもありますが（第Ⅰ部第1章参照）、この転換は教育関係者の役割の再定義をも迫るものとなり得ます。例えば、田村・廣瀬（2017）は、探究に伴走することで教師自身も変容しうることを指摘し、①「教える」から「ファシリテーター」へのシフト（生徒が設定した課題の「正解」を教えるのではなく、課題解決に向けたファシリテート（生徒の思考や行動を見取り、方法や方策のアドバイス）を行う）、②「学びのプロセスへの着目」の必要性を喚起しています。既述のとおり、探究は、そのプロセス自体が意義ある学びとなります。失敗を見守り、学習者にリフレクションの機会を適切に設けていくことができるか、そして学習者の変容から新たな気づきを得られるか、教育関係者自身が「学びに気づく力」を養っていくことも同時に求められているのです。

第4節　「キャリア発達支援」としての探究学習

　探究とは、「問い続ける」ことです。その営みには、漠然とした不安感が付きまとい、もやもやしたり、フラストレーションが溜まったり、億劫に感じることも少なくありません。しかし、予測困難な時代を生きることは、「問い続ける」行為と切っても切り離せないのです。

　探究活動は、生涯にわたって学び続けていく生涯探究者としての基盤を作っていく究極の「キャリア教育」とも言えます。キャリアは、簡単に蓄積されるものではなく、手間暇かけて、他人と協働しながら、大切に育てていくものでもあります。だからこそ、本章で論じたように、探究学習においては、学びの「身体性」「当事者性」「協働性」「他者性」を重視した指導や支援を展開していく必要があるのです。

　総合的な探究の時間は、高等学校の教育課程に必ず置かれなければならず、全生徒が履修すべきものですが、各学校の創意工夫や特色ある教育の実現の観点から標準単位数も3-6単位と相当程度の幅があります。事実、各学校では各学年での実施のほか、特定年次で実施する学校もあれば、特定学期・期間で実施する学校もあるなど、実に多様です。授業も年間35週行われることは想定さ

れていません。これに対して、本章でも触れてきたように、総合的な探究の時間は、自分の在り方や生き方（自己認識や自分の世界観・人生観といった価値観）と一体的で不可分な課題に向き合いながら自己調整していく自律的な学びを実現していく営みとして期待されている側面があります。その営みは、自己理解や自己実現、地域（社会）参画・貢献といった豊かな広がりも想定されているという意味で、学習者のキャリア発達を支援する営みとして推進していくことができるはずです。

　生徒観（「知識受容者」から「知識創造者」へ）、教員観（「知識提供者」から「知識媒介者・探究学習者」へ）、学習観（「個人学習」から「実践を共有する共同体への参加」へ）のパラダイムシフトが謳われる中で（佐藤編 2021：15-16）、探究学習をどのように再定義していくか、私たち教育関係者にも唯一の答えがない問いが投げかけられているのです。

注
1）　若者を取り巻く環境の変化については、荒井（2018）、荒井（2024）を参照のこと。
2）　本章の記述は、荒井（2020a）、荒井（2020b）の記述と重複する部分があることを
　　あらかじめ断っておきます。
3）　佐藤編（2021）では、探究学習を「学習者が問いに答える活動を通して、知識創造
　　を行う学習方法」と定義しています（佐藤編 2021：9-10）。
4）　ここでの「アンラーン」とは、環境に適応してパターン化した自分の物事の捉え方
　　を整理整頓し、思考のメンテナンスを行うことを指します。「学びの否定ではなく、こ
　　れまでに学んだ知識や身につけた技術を振り返り、さらなる学びや成長につながる形
　　に整理し直すプロセス」としてアンラーンを捉えた場合、① まず立ち止まり、自分自
　　身が拠って立つ足元を見つめ直し、自問すること、② 固定化した「思考のクセ」の存
　　在を認識し、大胆に「捨て去る」こと、③ その上で、より良い学びを実践していくこ
　　とが重要となるとされています（柳川・為末 2022）。
5）　探究的な学習の評価については、西岡・大貫編（2023）も参照のこと。

引用文献
朝倉淳・永田忠道編（2019）『総合的な学習の時間・総合的な探究の時間の新展開』学術
　　図書出版社。
天野明弘・太田勲・野津隆志編（2008）『スタディ・スキル入門——大学でしっかりと学
　　ぶために』有斐閣。
荒井英治郎（2018）「18歳選挙権時代における主権者教育の課題と展望」伊藤良高編『教
　　育と福祉の基本問題——人間と社会の明日を展望する』晃洋書房。

荒井英治郎（2020a）「高校探究元年へ（上）」『信濃毎日新聞』2020 年 6 月 24 日。

荒井英治郎（2020b）「高校探究元年へ（下）」『信濃毎日新聞』2020 年 7 月 8 日。

荒井英治郎（2024）「『18 歳成年』時代の名宛人と責任の所在」中谷彪・伊藤良高監修『教育と福祉の展望』（仮題）晃洋書房。

ギデンズ、アンソニー（1993）『近代とはいかなる時代か？──モダニティの帰結』松尾精文・小幡正敏訳、而立書房。

桑田てるみ（2016）『思考を深める探究学習』全校学校図書館協議会。

後藤芳文・伊藤史織・登本洋子（2014）『学びの技──14 歳からの探究・論文・プレゼンテーション』玉川大学出版部、2014 年。

佐藤浩章編（2021）『高校教員のための探究学習入門──問いから始める 7 つのステップ』ナカニシヤ出版。

白井俊（2020）『OECD Education2030 プロジェクトが描く教育の未来──エージェンシー、資質・能力とカリキュラム』ミネルヴァ書房。

田村学・廣瀬志保（2017）『探究を「探究」する』学事出版。

永山嘉昭・山﨑紅（2003）『説得できるビジネスプレゼン 200 の鉄則』日経 BP 社。

西岡加名恵・大貫守編（2023）『高等学校「探究的な学習」の評価』学事出版。

文部科学省（2018）『高等学校学習指導要領解説 総合的な探究の時間編』。

柳川範之・為末大（2022）『アンラーン──人生 100 年時代の新しい『学び』』日経 BP。

（荒井英治郎）

第3章

探究学習は資質・能力の向上に寄与するのか

　昨今、「総合的な探究の時間」をはじめとした「探究学習」の必要性や重要性が声高に叫ばれていますが（例：Darling-Hammond 2008; 文部科学省 2018）、そもそも探究学習は生徒の資質・能力の向上に寄与するという確かなエヴィデンスは得られているのでしょうか。また、どのような探究学習のあり方が生徒の資質・能力の向上に寄与しうるのでしょうか。

　海外の研究では、複数の研究論文の結果を定量的に統合した「メタ分析（システマティックレビュー）」という手法を通して、探究学習の効果が検討され、一定程度のエヴィデンスが蓄積されてきました。

　例えば、Chen & Yang（2019）は、1998年から2017年までに発表された学術論文30本（総計9カ国189校1万2585人の生徒から得られたデータ）を対象として、探究学習（ここでは、プロジェクトベース学習）が学業成績に及ぼす影響を検討しました。その主たる結果をまとめると、次のようになります。

- 探究学習の加重平均効果量（d_+）は0.71であり、探究学習は生徒の学業成績に中程度から大きいポジティブな効果を示す。
- 探究学習は理科や数学よりも社会科学（英語や歴史、地理など）の学業成績に対して大きなポジティブな効果を示す。
- 探究学習が学業成績に及ぼすポジティブな効果は、欧米と西アジア（イスラエルやトルコなど）よりも東アジア（中国など）が小さい。
- 探究学習が学業成績に及ぼすポジティブな効果に教育段階（初等・中等・高等教育）による違いは認められない。
- 探究学習が学業成績に及ぼすポジティブな効果は、ICT の支援を受けることで大きくなる。

　また、探究学習において、教師の指導が重要な役割を果たすことのエヴィデンスも得られています。Lazonder & Harmsen（2016）は、1993年から2013年までに発表された72の研究結果を対象として、指導の種類が探究学習に及ぼす影響を検討しました。その主たる結果をまとめると、次のようになります。

- どのような種類の指導であっても、探究学習中の活動と学習成果に対して中程度から大きいポジティブな効果を示す（それぞれの効果量の大きさは、$d=0.66$、0.50）。
- 指導は探究学習中のパフォーマンス（有効な推論の数など）に対してポジティブな正の効果を示すが、その効果は「状況の概観」（課題の進捗状況や内容を見える化すること：効果量の大きさは、$d=0.22$）と「促し」（活動を促すこと：効果量の大きさは、$d=0.50$）では相対的に小さくなる。

表3-1　探究学習に対する指導の種類

種類	基本的な考え	対象者
過程の限定	学習課題の内容を制限する	基本的な探究の過程を遂行・調整することはできるが、より複雑な環境における経験が不足している学習者
状況の概観	課題の進捗状況や内容を見える化する	基本的な探究の過程を遂行することはできるが、学習の軌跡を計画したり、記録したりするスキルが不足している学習者
促し	活動を促す	活動することはできるが、自発的に取り組もうとはしない学習者
問題解決方略	活動を促し、その活動を実行する方法を提示する	活動をいつ、どのようにすべきか正確に把握できていない学習者
足場かけ	活動の中で、より難しい部分を説明したり、その部分だけ代わりに行う	自分でその活動をするために十分な習熟度に達していない、あるいは記憶からその活動を行うことができない学習者
説明	活動の実行方法を正確に説明する	活動やその方法についてほぼ認識できていない学習者

出典）Lazonder & Harmsen（2016）をもとに作成。

　海外の研究とは異なり、日本の研究ではメタ分析は行われていませんが、探究学習が生徒の資質・能力の向上に寄与することに関するエヴィデンスの一端を明らかにした研究が散見されます。

　例えば、清水・荒井（2023）は、総合的な探究の時間に高大連携による「大学連携ゼミ」を取り入れている高等学校 A 校の 1、2 年生を対象に Web 調査を行い、探究学習が「批判的思考態度」（批判的思考の遂行を準備し方向付ける状態）と「課題価値」（学校の学習内容に対する価値）に及ぼす影響を検討しました。その結果、どのようなゼミのテーマや運営方法、学問領域・方法論であっても、批判的思考態度の「論理的思考への自覚」（論理的思考を自身で遂行する自信）と「客観性」（客観的に判断しようとする態度）が探究学習後に向上することが示されました。課題価値については、「制度的利用価値」（キャリア形成における実用的な価値）が探究学習後に向上することが示されました。

　また、探究学習における「適性処遇交互作用」（Cronbach & Snow 1977）についても検討が行われています。適性処遇交互作用とは、学習者の認知能力（批判的思考力など）や非認知能力（パーソナリティ特性など）などの「適性」によって、教授・学習方法や内容、教材などの「処遇」の効果が異なるというものです。

　川本（2020）は、東京都内中等教育学校の生徒を対象としたパネル調査のデータを分析して、主体的・探究的な学びが職業に関する具体的な将来展望に与える影響が、生徒の自尊心により異なるのかを検討しました。その結果、自尊心が高い生徒においてのみ、主体的・探究的な学びにおいて探索活動を多く行うことが、職業に関する具体的な将来展望につながることが示されました。ただし、探究学習における適性処遇交互作用を検証した研究は限定的であり、今後より多くの検討が望まれます。

　本章で取り上げた海外と日本の研究の知見は、次のように整理することができます。

- 探究学習が生徒の資質・能力の向上に寄与するというエヴィデンスは、海外のメタ分析を中心に一定程度示されてきた。ただし、日本の研究で

は、現状そのエヴィデンスの一端が示された途上にあり、今後より多くの検討が求められる。
- 探究学習の効果には適性処遇交互作用が認められるものの、その検証は限定的である。
- 探究学習の主体は学習者であるものの、教師の指導がその効果を高める上で重要となる。

　では、なぜ探究学習は生徒の資質・能力の向上に寄与するのでしょうか。この一つの背景として、探究学習は「生産的失敗」（productive failure: Kapur 2016）の側面が強いことが考えられます。生産的失敗とは、生徒が自分の力で問題解決や発見学習を行った後に、教師が解法や答えを提示するという教授・学習のアプローチのことです。問題解決や発見学習において、生徒は必ずしも正しい解法や答えに辿り着けるわけではなく、その意味において「失敗」となります。しかし、ここでの「失敗」は、既有知識を活性化したり、学習への動機付けを高めたりすることで、後続する学習の過程と結果を向上・改善させるため、「生産的」であると捉えます。つまり、探究学習では、教師から事前に解法や答えを提示されることが（従来の教授・学習よりも）少ないため、生徒は失敗することが多いのですが、その失敗は既有知識の活性化や学習への動機付けへとつながり、後続する学習の過程と結果を向上・改善することで、生徒の資質・能力が向上すると考えられます。

　ただし、探究学習が生徒の資質・能力の向上に寄与するというエヴィデンスは一定程度得られてはいるものの、ここでの資質・能力は、観測可能な行動や認知に寄与する概念に限定されるものであり、観測不可能な事象に寄与する概念ではないことに留意する必要があります。資質・能力の中でも、観測不可能な事象に寄与する概念に迫るには、本章で紹介した研究の定量的なアプローチだけではなく、思慮深く設計されたインタビューなど定性的なアプローチに基づくことが求められます。

文献

川本哲也（2020）「都内中等教育学校における主体的・探究的な学びとその効果——自尊心の調整効果に着目して」『東京大学大学院教育学研究科紀要』59、517-526。

清水優菜・荒井英治郎（2023）「総合的な探究の時間における高大連携の効果の検討」『日本教育工学会論文誌』47(1)、47-61。

文部科学省（2018）『高等学校学習指導要領解説総合的な探究の時間編』。

Chen, C-H., & Yang, Y-C. (2019) "Revisiting the effects of project-based learning on students' academic achievement: A meta-analysis investigating moderators," *Educational Research Review*, 26, 71-81.

Cronbach, L. J., & Snow, R. E. (1977) *Aptitudes and Instructional Methods: A Handbook for Research on Interactions*, Irvington.

Darling-Hammond, L. (2008) *Powerful Learning: What We Know about Teaching for Understanding.* CA: Jossey-Bass（L. ダーリング-ハモンド『パワフルラーニング——社会に開かれた学びと理解をつくる——』深見俊崇編訳、北大路書房、2017年）.

Kapur, M. (2016) "Examining productive failure, productive success, unproductive failure, and unproductive success in learning," *Educational Psychologist*, 51(2), 289-299.

Lazonder, A. W., & Harmsen, R. (2016) "Meta-analysis of inquiry-based learning: Effects of guidance," *Review of Educational Research*, 86(3), 681-718.

（清 水 優 菜）

第4章
探究学習に対する
不安・困難さの実態
——生徒・教員対象の意識調査から——

第1節　探究学習の実態を明らかにするために

　これまで総合的な探究の時間に関する実践研究や調査研究は数多く行われ、資質・能力の向上に資する好事例や探究学習に対する高校生と教師の実態の一端が明らかになりつつあります（蒲生 2018; 登本ほか 2022; 田村・廣瀬 2017; 清水・荒井 2023など）。

　例えば、登本ほか（2022）は、高校生488名を対象としたオンライン調査を実施し、探究学習の態度には「探究回避」（例：探究の学習は自分で考えることが多いので苦手である）と「探究実践」（例：探究の学習である問題について調べたり考えたりするのは好きだ）の2側面があることを示しました。その上で、高校生の探究学習態度は、「探究回避が弱く、探究実践が高いタイプ（20.5%）」「探究回避が弱いものの、探究実践が低いタイプ（13.9%）」「探究回避が強いものの、探究実践が高いタイプ（35.9%）」「探究回避が強く、探究実践が低いタイプ（29.7%）」に大別されることが示されています。

　また、蒲生（2018）は、課題研究としての探究を先進的に取り組んでいる学校（先進校）とそうではない一般校の学校代表者に質問紙調査を実施し、先進校と一般校では探究を実践・運営する担い手の教員の属性や探究実習の校内体制、探究のねらいが異なる傾向にあることを示しました。具体的には、先進校の方が、高度な研究指導を受けた教員が探究の担い手であること、校務としての連絡会や研修会が実施されていること、高度な探究能力の育成を重視していることなどが示されています。

　このように、先行研究では探究学習の実態の一端が示されてきたわけですが、

次の 2 点は今もなお課題として残されたままとなっています。

　第 1 に、対象者（学校）や事例の内容が限定されていて、総合的な探究の時間、ひいては探究学習の実態が十分に解明されているとは言えません。これらの実態を解明するためには、より多くの対象者（学校）に調査を実施し、統計的分析を通して、集団的な傾向を捉えていくことが重要です。

　第 2 に、探究学習に対する態度の調査と統計的分析は登本ほか（2022）などによって行われてきたものの、総合的な探究の時間、ひいては探究学習に対する意識の実態は十分には検討されていません。これらの意識の実態を解明していくことは、総合的な探究の時間、ひいては探究学習の改善に向けた基礎的資料として、重要な役割を果たしていくことになるでしょう。

　そこで、本章では、高校生と高校教員を対象に実施した、探究学習に対する意識調査のデータを統計的に分析した結果を考察し、探究の過程に対する不安など、先行研究では十分に示されてこなかった探究学習の実態を明らかにします。

第 2 節　生徒・教員対象の Web 調査とその内容

　本章では、生徒対象と教員対象の 2 つの web 調査の結果を踏まえた考察を行います。

　第 1 は、生徒対象の調査です。2022年 4 月～ 6 月にかけて、長野県内の高等学校19校の高校生6631名（ 1 年生2288名、 2 年生2572名、 3 年生1769名、不明 2 名）を対象に Web 調査を実施しました。

　調査内容は、文部科学省（2018）が示した探究の過程（①「課題の設定」、②「情報の収集」、③「整理・分析」、④「まとめ・表現」）について、最も不安を感じているもの、ならびに各過程の不安の程度（ 4 件法： 1 . 全く不安でない、 2 . 不安でない、 3 . 不安である、 4 . とても不安である）です。

　第 2 は、教員対象の調査です。2022年 8 月～11月にかけて、長野県と大阪府、京都府、徳島県の高校教員を対象に Web 調査を実施したところ、81校358名の高校教員から回答が得られました。

　対象者の属性を整理すると、**表 I - 4 - 1** のようになりました。対象者のほと

表Ⅰ-4-1 教員対象者の属性

設置区分	国公立	343 (96.1%)
	私立	31 (8.7%)
総合的な探究の時間に関する分掌の担当経験	あり	146 (40.9%)
	なし	211 (59.1%)
総合的な探究の時間の授業の担当経験	あり	244 (68.3%)
	なし	113 (31.7%)

んどは国公立高校の教員であり、総合的な探究の時間に関する校務分掌を担当したことはないものの、総合的な探究の時間の授業を担当したことがある傾向にありました。

　調査内容は、「探究の過程を指導することの不安」と「探究学習に関する困難さ」の2つから構成されました。前者については、生徒調査と同様に、探究の過程（①「課題の設定」、②「情報の収集」、③「整理・分析」、④「まとめ・表現」）を指導することについて、最も不安を感じているもの、ならびに各過程を指導することの不安の程度（4件法：1. 全く不安でない、2. 不安でない、3. 不安である、4. とても不安である）を尋ねました。後者については、探究学習の指導に関する11項目（表Ⅰ-4-2）について、困難さを感じている程度（4件法：1. 全くそう思わない、2. そう思わない、3. そう思う、4. とてもそう思う）を尋ねました。

表Ⅰ-4-2 探究学習に関する困難さの項目

①	何の役に立つか、わからない（有用性）
②	進路選択に役立つのか、わからない（進路への有用性）
③	「調べ学習」との違いがわからない（調べ学習との違い）
④	探究のプロセスに対してどのように指導したらいいか、わからない（探究の過程への指導）
⑤	どのように教育課程の編成を行っていけばいいか、わからない（教育課程の編成）
⑥	どのように評価をしたらいいか、わからない（評価方法）
⑦	負担が増える（負担の増加）
⑧	教員間での意識の差が大きい（教員間の意識差）
⑨	「探究学習」と「教科学習」との関係をどのように捉えたらいいのか、わからない（教科学習との関係）
⑩	外部の機関とどのように連携をしていけばいいか、わからない（外部機関との連携）
⑪	多様な子どもに対して、どのように学習の動機付けを与えたらいいのかわからない（子どもへの動機付け）

第 3 節　生徒が感じる不安の実態

1　最も不安を感じている探究の過程

　高校生が最も不安を感じている探究の過程を学年ごとに整理したところ、表Ⅰ‒4‒3 のクロス集計表のようになりました。学年を問わない全体的な傾向として、「課題の設定」が 43.0％と最も多く、次いで、「まとめ・表現」（24.5％）、「整理・分析」（17.8％）、「情報の収集」（14.7％）が多いという結果となりました。この結果から、高校生は、探究の過程の中でも「課題の設定」に最も不安を感じていることが改めて示されました。探究活動に関わる教育関係者の肌感覚と比べて、いかがでしょうか。

　また、統計的分析（カイ 2 乗検定と残差分析）を行ったところ、最も不安を感じている探究の過程の傾向は、学年間で統計的に有意に異なることが示されました。学年ごとの結果を整理すると、次のような特徴があります。

- 高校 1 年生は、全体的な傾向と比較して、「課題の設定」が統計的に有意に多く、「情報の収集」が統計的に有意に少ない。
- 高校 2 年生は、全体的な傾向と比較して、「情報の収集」が統計的に有意に多く、「まとめ・表現」が統計的に有意に少ない。
- 高校 3 年生は、全体的な傾向と比較して、「課題の設定」が統計的に有意に少ない。

表Ⅰ‒4‒3　最も不安を感じている探究の過程と学年のクロス集計

	課題の設定	情報の収集	整理・分析	まとめ・表現
1 年生	△842（46.0％）	▼195（10.7％）	327（17.9％）	465（25.4％）
2 年生	915（42.9％）	△365（17.1％）	364（17.1％）	▼488（22.9％）
3 年生	▼542（39.0％）	225（16.2％）	262（18.9％）	359（25.9％）
全体	2299（43.0％）	785（14.7％）	953（17.8％）	1312（24.5％）

△：統計的に有意に多い、▼：統計的に有意に少ない

2　探究の過程ごとの不安の程度

　1では、最も不安を感じている探究の過程について、その実態を示しましたが、高校生は各過程についてどの程度不安を感じているのでしょうか。

　探究の過程ごとに感じている不安の程度を整理したところ、表Ⅰ-4-4のようになりました。「情報の収集」の平均値は2.44と、4件法の中央値2.50を下回っており、高校生は相対的に不安を感じていない傾向にあることが示されました。他方、他の過程（「課題の設定」、「整理・分析」、「まとめ・表現」）については、平均値が4件法の中央値2.50を上回っており、高校生は相対的に不安を感じている傾向にあることが示されました。

表Ⅰ-4-4　探究の過程ごとの不安の程度

	平均値	標準偏差
課題の設定	2.70	0.81
情報の収集	2.44	0.76
整理・分析	2.52	0.79
まとめ・表現	2.62	0.83

　また、統計的分析（分散分析と多重比較）を行ったところ、探究の過程の中でも、「課題の設定」、「情報の収集」、「まとめ・表現」の不安の程度は学年間で統計的に有意に異なることが示されました（表Ⅰ-4-5）。結果を整理すると、次のような特徴があります。

- 高校1年生は、高校2年生と高校3年生と比べて、「課題の設定」に関する不安の程度が統計的に有意に高く、「情報の収集」に関する不安の程度

表Ⅰ-4-5　探究の過程ごとの不安の程度の学年差

	1年生		2年生		3年生		多重比較
	平均値	標準偏差	平均値	標準偏差	平均値	標準偏差	
課題の設定	2.77	0.80	2.69	0.80	2.63	0.82	1>2、3
情報の収集	2.39	0.75	2.48	0.77	2.46	0.77	2、3>1
整理・分析	2.53	0.80	2.50	0.78	2.54	0.77	―
まとめ・表現	2.65	0.85	2.59	0.82	2.63	0.81	1>2

が統計的に有意に低い。

- 高校 1 年生は、高校 2 年生と比べて、「まとめ・表現」に関するは不安の
程度が統計的に有意に高い。

3　学校の違いが探究の過程の不安を説明する割合

また、表 I - 4 - 4 と表 I - 4 - 5 で得られた平均値に対して、学校の違いがどの程度影響を及ぼすのかをマルチレベル分析（学校をランダム効果とした、ランダム切片モデル）により検討したところ、表 I - 4 - 6 の結果が得られました。

表 I - 4 - 6 のとおり、学校の違いが不安を説明する割合は 2.0% であることを踏まえると、高校生が探究の過程に感じている不安には、学校による違いはほとんどないと捉えることができます。

表 I - 4 - 6　学校の違いが探究の過程の不安を説明する割合

	学校の違い
課題の設定	2.0%
情報の収集	0.6%
整理・分析	0.2%
まとめ・表現	0.3%

4　探究の過程の不安に関する類型と特徴

2 と 3 の結果は、高校生が探究の過程ごとに感じている不安の程度を示したものですが、高校生が感じている探究の過程の不安には何らかの類型（パターン）が存在する可能性があります。例えば、すべての探究の過程に不安を感じている高校生もいれば、「課題の設定」のみに不安を感じている高校生、「課題の設定」と「情報の収集」に不安を感じている高校生なども存在していることが予想できます。探究の過程の不安に関する代表的な類型を解明することは、高校生の特徴を把握し、今後より効果的な支援のあり方を検討する上で重要な情報となります。

そこで、階層的クラスター分析（ウォード法・ユークリッド距離）を行ったところ、探究の過程の不安に関する類型として、図 I - 4 - 1 に示した 5 つ（クラス

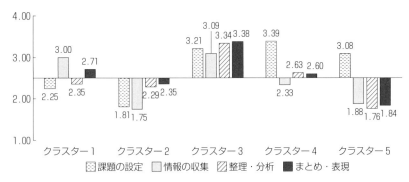

図Ⅰ-4-1　探究の過程の不安に関する類型化

ター1から5）が得られました。各クラスターの特徴をまとめると、次のように
なります。

- クラスター1（情報の収集とまとめ・表現不安群）：探究の過程の中でも、「情
  報の収集」と「まとめ・表現」の不安が相対的に高い。
- クラスター2（低不安群）：すべての探究の過程について、不安の程度が低い。
- クラスター3（高不安群）：すべての探究の過程について、不安の程度が高い。
- クラスター4（課題の設定高不安群）：「課題の設定」の不安が最も高い。
- クラスター5（課題の設定以外低不安群）：「課題の設定」の不安が相対的に
  高いものの、他の過程（「情報の収集」、「整理・分析」、「まとめ・表現」）の不安
  は相対的に低い。

　探究の過程の不安に関する類型を学年ごとに整理したところ、表Ⅰ-4-7の
クロス集計表のようになりました。学年を問わない全体的な傾向として、クラ
スター5の「課題の設定以外低不安群」は、14.5％と最も少ないのに対し、他
の類型はいずれも20％前後であることが示されました。「低不安群」以外の高
校生が8割弱いたことから、8割弱の高校生は探究の過程において何らかの不
安を感じていることが示されました。今後は、不安感の類型を踏まえつつ、特
に不安感を抱えている内容に焦点を当てた指導・支援が望まれるでしょう。

表Ⅰ-4-7　探究の過程の不安に関する類型と学年のクロス集計

	情報の収集とまとめ・表現不安群	低不安群	高不安群	課題の設定高不安群	課題の設定以外低不安群
1年生	▼325(18.1%)	390(21.7%)	401(22.3%)	△382(21.2%)	△301(16.7%)
2年生	△468(22.9%)	460(22.5%)	440(21.6%)	386(18.9%)	286(14.0%)
3年生	299(22.3%)	△348(25.9%)	311(23.2%)	▼222(16.5%)	▼163(12.1%)
全体	1092(21.1%)	1198(23.1%)	1152(22.2%)	990(19.1%)	750(14.5%)

△：統計的に有意に多い、▼：統計的に有意に少ない

　また、統計的分析（カイ2乗検定と残差分析）を行ったところ、探究の過程の不安に関する類型は学年間で統計的に有意に異なることが示されました。学年ごとの結果を整理すると、次のような特徴があります。

- 高校1年生は、全体的な傾向と比較して、「課題の設定高不安群」と「課題の設定以外低不安群」が統計的に有意に多く、「情報の収集とまとめ・表現不安群」が統計的に有意に少ない。
- 高校2年生は、全体的な傾向と比較して、「情報の収集とまとめ・表現不安群」が統計的に有意に多い。
- 高校3年生は、全体的な傾向と比較して、「低不安群」が統計的に有意に多く、「課題の設定高不安群」と「課題の設定以外低不安群」が統計的に有意に少ない。

第4節　教員が感じる不安・困難さの実態

1　探究の過程を指導することの不安

（1）指導することに最も不安を感じている探究の過程

　高校教員が指導することに最も不安を感じている探究の過程、ならびに（本章）第3節1で示した高校生が最も不安を感じている探究の過程を整理したところ、表Ⅰ-4-8のクロス集計表のようになりました。

　高校教員に関する傾向として、「課題の設定」が66.1%と最も多く、次いで、「整理・分析」（16.2%）、「情報の収集」（9.8%）、「まとめ・表現」（7.8%）が多

表Ⅰ-4-8　最も不安を感じている探究の過程と学年のクロス集計

	課題の設定	情報の収集	整理・分析	まとめ・表現
高校教員	△236(66.1%)	▼35(9.8%)	58(16.2%)	▼28(7.8%)
高校生	▼2299(43.0%)	△785(14.7%)	953(17.8%)	△1312(24.5%)

△：統計的に有意に多い、▼：統計的に有意に少ない

いという結果になりました。この結果から、半数以上の高校教員は、探究の過程の中でも「課題の設定」を指導することに最も不安を感じていることが示されました。

　また、統計的分析（カイ2乗検定と残差分析）を行ったところ、最も不安を感じている探究の過程の傾向は、高校教員と高校生で統計的に有意に異なることが示されました。結果を整理すると、次のような特徴があります。

- 高校教員は、高校生の全体的な傾向と比較して、「課題の設定」の選択比率が統計的に有意に多い。
- 高校教員は、高校生の全体的な傾向と比較して、「情報の収集」と「まとめ・表現」の選択比率が統計的に有意に少ない。

（2）各探究の過程を指導することの不安の程度

　（1）では、指導することに最も不安を感じている探究の過程について、その実態を示しましたが、高校教員は各過程を指導することについてどの程度不安を感じているのでしょうか。

　高校教員が探究の過程ごとに感じている指導することの不安の程度、ならびに（本章）第3節2で示した高校生が探究の過程ごとに感じている不安の程度を整理したところ、表Ⅰ-4-9のようになりました。

　高校教員における「情報の収集」の平均値は2.46と、4件法の中央値2.50を下回っており、高校教員は「情報の収集」を指導することに対して相対的に不安を感じていない傾向にあることが示されました。他の過程（「課題の設定」、「整理・分析」、「まとめ・表現」）については、その平均値が4件法の中央値2.50を上回っており、高校教員はこれらの過程を指導することに対して相対的に不安

表Ⅰ-4-9　探究の過程を指導することの不安の程度

	高校教師		高校生		効果量
	平均値	標準偏差	平均値	標準偏差	(d)
課題の設定	2.95	0.80	2.70	0.81	0.30
情報の収集	2.46	0.75	2.44	0.76	0.03
整理・分析	2.68	0.76	2.52	0.79	0.20
まとめ・表現	2.55	0.81	2.62	0.83	0.08

を感じている傾向にあることが示されました。

　また、高校教員と高校生では、各探究の過程に感じている不安の傾向が異なるのかを検討するために、効果量（Cohen の *d*）という指標を算出しました。一般的に、*d* が0.20未満であれば、その平均値の差は「ほとんどない」と判断し、0.20以上0.50未満であれば、その平均値の差は「小さい」と判断と判断します（Cohen 1988）。

　この基準に従うと、「課題の設定」と「整理・分析」に関する不安の程度は、高校教員の方が大きいものの、その差は小さいことが示されました。他方、「情報の収集」と「まとめ・表現」に関する不安の程度は、高校教員と高校生でほとんど違いはないことが示されました。

　以上をまとめると、高校教員と高校生ともに、「情報の収集」以外の探究の過程を指導ないし学習することに不安を感じており、特に「課題の設定」を指導ないし学習することに最も不安を感じている傾向にあることが示されました。

（3）探究の過程を指導することの不安に関する類型と特徴

　（2）の結果は、高校教員が探究の過程ごとに感じている指導することの不安の程度を示したものですが、高校教員が感じている探究の過程を指導することの不安には何らかの類型（パターン）が存在する可能性があります。

　そこで、階層的クラスター分析（ウォード法・ユークリッド距離）を行ったところ、探究の過程を指導することの不安に関する類型として、図Ⅰ-4-2に示した4つ（クラスター1から4）が得られました。各類型の特徴をまとめると、次のようになります。

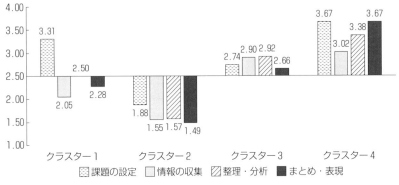

図Ⅰ-4-2　探究の過程を指導することの不安に関する類型化

- クラスター1（課題の設定不安群）：探究の過程の中でも、「課題の設定」を指導することの不安が相対的に高い。
- クラスター2（低不安群）：すべての探究の過程について、指導することの不安の程度が低い。
- クラスター3（中不安群）：すべての探究の過程について、不安の程度が相対的に高いが、クラスター4よりその程度は低い。
- クラスター4（高不安群）：すべての探究の過程について、指導することの不安の程度が高い。

　以上の類型について、比率を整理したところ、表Ⅰ-4-10のようになりました。「中不安群」が37.5％と最も多く、次いで「課題の設定不安群」が31.1％、「高不安群」が17.1％、「低不安群」が14.3％であることが示されました。この結果から、高校教員が探究の過程を指導することに感じている不安の特徴として、次の2点に整理することができます。

　第1に、「低不安群」以外の高校教員が85％程度であることから、8割強の

表Ⅰ-4-10　探究の過程を指導することの不安に関する類型の比率

課題の設定不安群	低不安群	中不安群	高不安群
111(31.1%)	51(14.3%)	134(37.5%)	61(17.1%)

高校教員が、探究の過程を指導することに何らかの不安を抱えていることが示されました。「学習者」または「教員」（指導者）として総合的な探究の時間を経験してこなかった高校教員にとって、探究の過程は具体的にイメージできるものではないため、指導することに不安を感じているのかもしれません。

　第2に、「低不安群」「中不安群」「高不安群」が70％弱を占めたことから、ある探究の過程に不安を感じている場合には、他の過程にも不安を感じている傾向（つまり、正の相関関係）にあることが示されました。よって、ある特定の探究の過程ではなく、探究の過程全体に関する理解を深め、学習を促していくことが探究の過程を指導することの不安を低減させる上で重要になると考えられます。

2　探究学習を指導することの困難さ

（1）探究学習を指導することの困難さの程度

　高校教員が探究学習を指導すること感じている困難さの程度を整理したところ、表Ⅰ-4-11のようになりました。

　「何の役に立つか、わからない」と「進路選択に役立つのか、わからない」、「『調べ学習』との違いがわからない」、「『探究学習』と『教科学習』との関係をどのように捉えたらいいのか、わからない」の平均値は4件法の中央値2.50を下回っており、高校教員は探究学習そのものの有用性、ならびに探究学習と調べ学習や教科学習との関係性については相対的に困難さを感じていないことが示されました。他の項目については、その平均値が4件法の中央値2.50を上回っており、高校教員は、探究の過程への指導、教育課程の編成、評価方法、負担の増加、教員間の意識差、外部機関との連携、子どもへの動機付けに対して、相対的に困難さを感じている傾向にあることが示されました。特に、「負担が増える」と「教員間での意識の差が大きい」の平均値は「3.そう思う」を上回っており、高校教員は探究学習が負担の増加につながること、ならびに探究学習に対する教員間の意識差に困難さを感じていることが示されました。

表Ⅰ-4-11 探究学習を指導することの困難さの程度

	平均値	標準偏差
何の役に立つか、わからない（有用性）	1.90	0.77
進路選択に役立つのか、わからない（進路への有用性）	2.07	0.82
「調べ学習」との違いがわからない（調べ学習との違い）	2.25	0.86
探究のプロセスに対してどのように指導したらいいか、わからない（探究の過程への指導）	2.64	0.84
どのように教育課程の編成を行っていけばいいか、わからない（教育課程の編成）	2.69	0.81
どのように評価をしたらいいか、わからない（評価方法）	2.88	0.83
負担が増える（負担の増加）	3.09	0.80
教員間での意識の差が大きい（教員間の意識差）	3.34	0.70
「探究学習」と「教科学習」との関係をどのように捉えたらいいのか、わからない（教科学習との関係）	2.47	0.83
外部の機関とどのように連携をしていけばいいか、わからない（外部機関との連携）	2.60	0.85
多様な子どもに対して、どのように学習の動機付けを与えたらいいのかわからない（子どもへの動機付け）	2.80	0.86

（2）探究学習を指導することの困難さに関する類型と特徴

　高校教員が探究学習を指導することで感じている困難さの類型（パターン）を明らかにするために、階層的クラスター分析（ウォード法・ユークリッド距離）を行いました。その結果、類型として、図Ⅰ-4-3に示した3つ（クラスター1から3）が得られました。各類型の特徴をまとめると、次のようになります。

- クラスター1（具体的な指導困難群）：探究の過程への指導や評価方法、子どもへの動機付けなど、探究学習の具体的な指導について相対的に困難さを感じている。他方で、探究学習の有用性や調べ学習との違いに対する困難さは相対的に感じていない。
- クラスター2（負担の増加と教員間の意識差困難群）：探究学習が負担の増加につながること、ならびに探究学習に対する教員間の意識差に相対的に困難さを感じている。
- クラスター3（困難群）：すべての項目について、相対的に困難さを感じている。

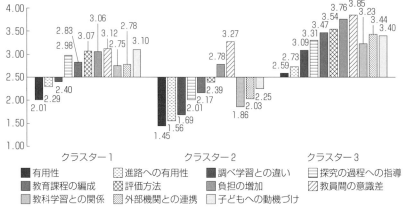

図Ⅰ-4-3 探究学習を指導することの困難さの類型化

　以上の類型について、比率を整理したところ、表Ⅰ-4-12のようになりました。「負担の増加と教員間の意識差困難群」が42.9%と最も多く、次いで「具体的な指導困難群」が35.3%、「困難群」が21.8%であることが示されました。この結果から、高校教員が探究学習を指導すること感じている困難さの特徴として、次の2点に整理することができます。

表Ⅰ-4-12 探究学習を指導することの困難さの類型の比率

具体的な指導困難群	負担の増加と教員間の意識差困難群	困難群
126(35.3%)	153(42.9%)	78(21.8%)

　第1に、「低不安群」(図Ⅰ-4-2と表Ⅰ-4-5)のような「低困難群」という類型が認められなかったことから、高校教員は、探究学習の指導に対して何らかの困難さを感じていることが示されました。これらの困難さが解消できるように、今後は、困難さの類型を踏まえつつ、特に困難さが顕著な内容に焦点を当てた研修のあり方を模索していくことが求められています。

　第2に、「具体的な指導困難群」と「困難群」という、探究学習の具体的な指導に対して困難さを感じている高校教員が、5割強に及ぶことが示されました。(本章)第4節1(3)で指摘したように、「学習者」または「教員」とし

て総合的な探究の時間を経験してこなかった高校教員にとって、探究学習の具体的な指導をイメージすることが難しい状況にあるのかもしれません。

第5節　どのように不安と向き合うのか

第1に、生徒対象の調査で得られた知見を整理すると、次のようになります。

- 8割弱の高校生は、探究の過程において何らかの不安を感じている。
- 高校生は、学年を問わず、探究の過程の中でも「課題の設定」、「整理・分析」、「まとめ・表現」に不安を感じており、特に「課題の設定」に関して不安を感じている傾向にある。
- 高校1年生は、「課題の設定」に関する不安を感じているものの、「情報の収集」と「まとめ・表現」に関する不安は感じていない傾向にある。
- 高校2年生は、「情報の収集」と「まとめ・表現」に関する不安を感じている傾向にある。
- 高校3年生は、「課題の設定」に関する不安を相対的に感じておらず、かつ探究の過程に対する不安の程度が低い傾向にある。
- 高校生が探究の過程に感じている不安の程度には、学校による違いはほとんどない。

第2に、教員対象の調査で得られた知見を整理すると、次のようになります。

- 高校教員と高校生とも、「情報の収集」以外の探究の過程を指導ないし学習することに不安を感じており、特に「課題の設定」を指導ないし学習することに最も不安を感じている傾向にある。
- 8割強の高校教員が、探究の過程を指導することに何らかの不安を抱えている。
- ある探究の過程に不安を感じている場合には、他の過程にも不安を感じている傾向（つまり、正の相関関係）にある。

- 高校教員は、探究学習の指導に対して何らかの困難さを感じている。特に、探究学習が負担の増加につながること、ならびに探究学習に対する教員間の意識差に困難さを感じている。
- 探究学習の具体的な指導に対して困難さを感じている高校教員が、5割強に及ぶ。

　本章から、高校生や高校教員が探究の過程、ひいては探究学習に感じている不安の実態の一端を示すことができましたが、完全に「不安をなくす」ことが資質・能力の獲得・育成やよりよい教育実践の質に寄与するわけではありません。感情心理学の古典的な知見として、覚醒水準とパフォーマンスの高低は逆U字の関係にあるとする Yerkes-Dodson の法則（Yerkes & Dodson 1908）というものがありますが、この法則は、不安をなくすことが資質・能力の獲得・育成や教育実践の質を阻害する可能性すらあることを示唆するものです。不安は、覚醒水準に対応する変数であるため、この法則に基づくと、高すぎても低すぎても探究学習のパフォーマンス、ひいては、資質・能力の獲得・育成や教育実践の質は阻害される可能性があります。従って、最適な不安の水準において、資質・能力の獲得や教育実践の質の向上が促されると考えられるのです。高校生や高校教員の不安にどのように向き合い、どのような指導・支援を行っていくかが今まさに問われているのです。

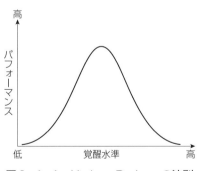

図 I - 4 - 4　Yerkes-Dodson の法則

文献

蒲生諒太（2018）「全国高等学校「探究的な学習」に関するアンケート調査——探究先進校と一般校の比較検討——」『教職課程年報』1、44-62。

清水優菜・荒井英治郎（2023）「総合的な探究の時間における高大連携の効果の検討」『日本教育工学会論文誌』47(1)、47-61。

田村学・廣瀬志保（2017）『「探究」を探究する——本気で取り組む高校の探究活動』学事出版。

登本洋子・溝口侑・溝上慎一（2022）「高校生の探究的な学習を支援する探究学習態度尺度の開発と探究学習態度タイプの分類の試み」『教育情報研究』38(2)、3-18。

文部科学省（2018）『高等学校学習指導要領解説総合的な探究の時間編』。

Cohen, J. (1988) *Statistical Power Analysis for the Behavioral Sciences* (2nd ed.). Hillsdale, NJ: Lawrence Erlbaum Associates, Publishers.

Yerkes, R. M., & Dodson, J. D. (1908) "The Relation of Strength of Stimulus to Rapidity of Habit Formation," *Journal of Comparative Neurology & Psychology*, 18, 459-482.

（荒井英治郎・清水優菜）

第Ⅱ部

探究学習の
『？』から考える

第 **1** 章

「課題の設定」はどのように
すればよいのか？
――「問い」が生まれる条件を探る――

第1節　「課題の設定」をめぐる困難

　変化の激しい社会では、課題を見つけ、解決策を探り出す力が求められている――こうした主張は、今やそれほど目新しいものではないかもしれません。「変化の激しい社会」や「予測困難な時代」は、ありうる未来ではなく、私たちが置かれている現在にほかならないからです。事柄の大小はあれど、私たちは様々な問題解決に取り組みながら日々を過ごしています。そのなかには、解決が困難な問題や、複雑に絡み合った問題、そもそも問題の核心がどこにあるのかもわからないような事柄も数多く含まれています。

　このように、物事の自明性が揺らぎ、先が見通せない時代を生きることには不安や困難が伴います。しかし同時に、こうした危機を新たな知的探究の好機として捉えることもできるかもしれません。一つの問題に対応する唯一の「正解」が期待できないからこそ、多様な視点から、複雑な問題に対して様々な解決策を探る余地が開かれているともいえます。探究的な学びを軸としたタテ方向（初等教育から高等教育までの連続性）とヨコ方向（教科横断）の教育課程の編み直しは、学校教育が担ってきた知識伝達のあり方やそこで「知識」とされてきたものの内実が問われていることへのポジティブな応答として理解することもできるでしょう。

　とはいえ、学校教育が拠り所としてきた従来の知的基盤の自明性が問い直されている以上、「正解」を更新することは、危機への本質的な対応とはなりません。更新されるべきは「問い方」の方なのです。ある問題に対して、新しい「正解」を求めるのではなく、創造的な解決を探るためには、「問い方」が洗練

表Ⅱ-1-1　最も不安を感じている探究の過程

	課題の設定	情報の収集	整理・分析	まとめ・表現
高校教師	236(66.1%)	35(9.8%)	58(16.2%)	28(7.8%)
高校生	2299(43.0%)	785(14.7%)	953(17.8%)	1312(24.5%)

される必要があります。ですが、学校教育において「問い方」の技法と、「問う」経験が十分に蓄積されてきたかといえば、そうとは言い難いように思われます。

　冒頭で触れたように、私たちの社会は、問わずにはいられないほど多くの問題を抱えています。にもかかわらず、ひとたび教室に場所を移すと「問い」が生まれないことが悩みの種になっているというのは不思議なことです。ですが、それはめずらしいことではないようです。高校教員と高校生を対象にしたアンケート調査（「探究学習に関する意識調査」本書の第Ⅰ部第4章を参照）でも、非常に多くの方が「課題の設定」に不安を感じていることが明らかになりました。「課題の設定」に不安を感じているのは、教員だけではありません。自ら問いを立てるということに、学習者も戸惑い、不安を感じていることが窺えます。

　うまく問いを立てられないという一見シンプルな悩みには、様々な事情が含まれています。例えば、「課題の設定」はしてみたものの、探究が深まらないというケース。なかでもよく見受けられるのは、次の2つのパターンです。1つ目は、問いを立てて調べ始めたところ、あっさり答えが見つかり、それ以上探究が発展しないというパターン。2つ目は、問いを立て、いざ探究を開始しようとしたが問いに迫る手立てがなく、頓挫してしまうパターン。いずれも探究に耐えうる「問い」が立てられてないということは明らかです。そこで、探究において「よい問い」とはどのような「問い」なのかが次なる問題となるわけですが、それを見分けるのは教員にも難しく、ここでもやはり頭を抱えることになります。

　こうした悩みに答えるべく、「問いの立て方」をめぐっては、そのための方法やコツを紹介する指南書が数多く出されています。経験を積んだ先達の知恵は、探究の旅に出ようとする私たちに具体的な作業手順を示してくれる、大変

ありがたいものです。しかし、すぐれた指南書を読み漁ってもなお、「問いを立てる」ことにまつわる難しさがすっかり解消されることはおそらくありません。そもそも、問いを立てることの難しさの根底には、どのような問題が潜んでいるのでしょうか。

▍第 2 節　問う者と問われる者の関係性を組み換える

　問いを立てることは、なぜ多くの先生や生徒にとって難しく、不安に感じられているのでしょうか。教室で先生に「あなたの問いは？」と聞かれたなら戸惑い、身構えてしまうだろうという方は少なくないように思います。無理もありません。考えてみれば、長い学校教育の歴史において学習者に求められてきたのは、与えられた問いにすばやく正確に「答える」能力であって、問うのはもっぱら教師の役目とされてきました。〈教師の問いに生徒が答える〉、この単純で強力な図式はいまだに学校文化に根強く残り続けています。しかも、この「伝統」においては、教師の問いは、目下、私たちが悩ましく感じている「問い」ではなく、もっぱら「発問」の形式をとるものです。つまり、正解を求める問いなのです。あるいは、生徒が教師に対して問いかけるとき、その多くは「質問」の形式をとります。これもまた、正解を求める問いです。要するに、教室で発せられる問いには何らかの正解があり、その正解を知っているのは教師だという暗黙の了解が、教室におけるコミュニケーションを支えてきたといえるでしょう。

　問いには正解があり、その正解は教師が知っているという前提を不問にするかぎり、教師の行為は「説明する」ことに還元されてしまいます。一般的に、説明することは教師が身に付けておくべき基本的な技能であり、説明の上手な教師は生徒にも歓迎されるように思われます。しかし、ここに根本的な問題が潜んでいます。フランスの哲学者ジャック・ランシエール（Jacque Rancière, 1940-）が鋭く指摘するところによれば、説明という行為の本質は、学習者を常に「無能な者」の位置に固定化する作用にあるといいます。

　　無能な者を無能な者として作り上げるのは説明家である。何かを誰かに説
　　明するとは、まず第一にその人に向かって、あなたは自分ではそれを理解
　　できないのだと示すことだ。(ランシエール 2011：10)

　ランシエールによれば、知識を持つ者が知識を持たない者に対して説明する
という行為は、「優れた知性」と「劣った知性」という二つの知性のあいだに
距離を設けることによって可能になります。しかも、教師は説明することを通
してこの距離を縮めるどころか、常に新たに距離を作り出していくというので
す。

　　教師は常に何らかの知識を、つまり生徒の何らかの無知を、自分の手元に
　　取っておく。「それは理解しました」と生徒が満足して言うと、「そう思っ
　　ているだけです」と教師が正す。「実はそれには今のところ君に言ってい
　　ない難しい点があるのです。それに相当する課のところにきたら説明しま
　　しょう」。「どういう意味ですか」と不思議に思った生徒は尋ねる。「言う
　　こともできるのですが」と前置きして教師は答える。「時期尚早というも
　　のでしょう。君にはまったく理解できないでしょう。来年説明しましょ
　　う」。教師は常に一歩先んじていて、それが教師と生徒を分け隔てるので、
　　生徒はもっと先に進むためには別の教師、追加の説明が必要だと常に感じ
　　ることになる。(ランシエール 2011：32)

　知識（正解）を持つ者と持たざる者という図式が保たれているかぎり、教師
と生徒のあいだに設けられた距離はいつまでも縮まることはありません。説明
の論理は無限背進の原理を含んでおり、アキレスと亀のように生徒の知が教師
の知に到達することはないのです。「説明家としての教師」は、生徒を常に
劣った知性の位置に留まらせるという意味で「愚鈍化する教師」とも言い換え
られています。ですが、ランシエール曰く「愚鈍化する教師」は、けっして
「生徒の頭に消化の悪い知識を詰め込む頭の鈍い旧来の教師でもなければ、自
分の権力と社会秩序を守るために裏表のある真実を使い分ける邪悪な者でも」
ありません（ランシエール 2011：11-12）。むしろ、「博識で教養があり、善意の者

であればあるほど、一層愚鈍化する効力が強い」（ランシエール 2011：11-12）と
いいます。なぜなら、教師がわかりやすく説明しようとすればするほど、教師
こそが「正解を知っている者」であり、生徒は教師による説明なしには正解に
辿り着くことができないのだという図式が強化されてしまうからです。つまり、
いかに教師や指導法が優れていようと、「説明体制」が維持されるかぎり、よ
り洗練された仕方で生徒の愚鈍化が進行してしまうのです。

　このことは、探究学習への転換において重要な示唆を含んでいます。ランシ
エールに倣えば、たとえ「課題の設定」からはじまる探究のプロセス（『学習指
導要領解説 総合的な探究の時間編』より）が辿られたとしても、従来の図式（知識を
持つ者／持たざる者）がその根底にありつづけるかぎり、探究学習も新しく洗練
された愚鈍化の技法の一つとして取り込まれる危険があるということになりま
す。言い換えれば、「優れた知性」を持つ者が「劣った知性」を持つ者を教え
導くという構造そのものを変えていかなければ、探究の道は愚鈍化の道にとっ
て代わられかねないのです。

　今なお説明家としての教師への期待が失われていないとすれば、学習者が自
ら問いを立てるという試みは大きな賭けを含んでいるといえるでしょう。この
試みは、教室のコミュニケーションを枠づけてきた教師／生徒の関係、つまり
知識を持つ者／持たざる者の関係を根底から組み換えることを意味しているか
らです。よって、問いを立てるときにまず私たちがしなければならないことは、
あの暗黙の了解を反故にすることです。〈① 問いにはあらかじめ答えがあり、
② その答えは教師が持っている（持っていなければならない）〉―私たちを捕らえ
ているこれら2つの臆見を振り払いながら、「問い」をめぐる探究にさらに一
歩踏み込んでみたいと思います。

第3節　探究学習において「問い」とは何か

　問いが生まれる条件を探るためには、まず、そもそも「問い」とは何かとい
うことについて考えておく必要があるでしょう。とはいえ、「問い」という言
葉について明確な定義を示すことは難しく、文脈によって様々な意味で用いら

れています。問題、課題、設問、質問。ざっと挙げただけでも様々な意味合い
を含んだ用語があり、英語に置き換えようとしても problem、question、in-
quiry あるいは issue、theme など、こちらも多様な用語が想起されます。現
行の学習指導要領では、問いを立てるとはどういうことかについて、「問題」
と「課題」が区別されつつ以下のように述べられています。

> 実社会や実生活には、解決すべき問題が多方面に広がって複雑に絡み合っ
> ている。その問題は、複合的な要素が入り組んでいて、答えが一つに定ま
> らず、容易には解決に至らないことが多い。「自分で課題を立てる」とは、
> そうした問題と向き合って、自分で取り組むべき課題を見いだすことであ
> る。この課題は、解決を目指して学習するためのものである。(文部科学省
> 2018 : 18)

　まず、「問題」とは、解決されるべきでありながら、様々な要素が絡み合っ
ており、解決の筋道が見えない事柄や状況を指しています。他方、「課題」と
は、解決への具体的な見通しを導くために、問題をよく吟味して生徒が自分で
つくり出し、選び出した「問い」を指すようです。なお、学習指導要領におい
ては「問い」と「課題」は並記され、互換的に用いられることもあります。い
ずれにせよ、問う行為には、それに対して「答えを出す」「解決する」という
行為がセットで想定されているようです。確かに、私たちが課題や問いを立て
るとき、そこには解決されるべき事柄があります。しかし、「答え」や「解決」
が得られなければ、探究の「問い」に相応しくないと考えてしまうと、その先
にある罠に気づきにくくなります。
　例えば、解決を重視するあまり、あらかじめ「課題」を解決可能なサイズに
切り詰めていくという場面をしばしば目にします。これは探究のサイクルに慣
れてきて、大きくて複雑な問題に取り組むと上手くいかないぞと気づいてきた
頃に待ち受けている第一の罠です。確かに、問題となっている事象を分節化し
て、ターゲットを絞ることは有効です。だからといって、課題をあまりに小さ
く、手近なところに設定しはじめると、「(解決が約束された)課題」が「よい問
い」であるかのような誤解が定着し、探究のサイクルが単なる確認作業のよう

になってしまうことがあるので注意が必要です。

　探究の成果を「解決」にのみ求めることは、探究のサイクルを平板化することにとどまりません。問いを生み出すこと自体に含まれる、豊かな果実をとりこぼすことにもつながります。というのも、実のところ、私たちが何かを知り、学ぶということは、答えを得るということに限定されません。にもかかわらず、物事の真偽を知る術は答え（正解や解決）を得ることの他にはないのだ、という思い込みが広く共有されています。これが第二の罠です。こうした思い込みは、洋の東西を問わず、学校教育に深く根ざしたものであるようです。フランスの哲学者ジル・ドゥルーズ（Gilles Deleuze, 1925-1995）は初期の著作である『ベルクソンの哲学』の冒頭で次のように述べています。

> 実際、真偽が単に問題の解決にのみかかわり、解決によってのみ真偽が始まると考えるのは誤りである。この偏見は社会的なものである（中略）。さらに、この偏見は子供じみていて、また学校教育から生まれてきたものである。つまり、問題を与えるのは学校の先生であり、生徒の仕事は解決を発見することなのである。それによってわれわれは、一種の隷属状態のなかに置かれる。真の自由は、問題そのものを決定し構成する能力のなかにある。（ドゥルーズ 1974：5）

　ドゥルーズは、問題が与えられ、解決を求められるとき、私たちに残された自由はごくわずかであるとしたうえで、この「一種の隷属状態」から抜け出すためには自ら「問題を提起する」ほかないのだといいます。なぜならば、「問題を提起する」ことにおいて、何が問う価値のある問題であり、何が真であるのかを枠づけてきた知の体制をゆさぶり、真偽を知る者とされてきた「特権者」に従属することなく自らの知を用いることが可能となるからです。「新たに問題が立てられることとは、枠にはまった現実が揺るがされること」（檜垣 2002：64）でもあるという意味で、それ自体において創造的な試みなのです。

　ドゥルーズが問題を提起することの大切さをいうとき、「問題」とは解かれるものではなく、創造されるべきものとして論じられています。生命が進化してきたのは、唯一の正解（真理）を知ることよってではなく、問題を創造しつ

づけることによって、変化する状況に対応すると同時に、自ら新たな変化を生み出してきたからに他なりません。よって、ドゥルーズにおいては問題に最終的な解決が与えられないということは、けっして探究の失敗ではありません。むしろ、解決に至ることがないというその未決定性こそが、私たちが多様に生成変容しうる可能性の条件となっているのです。

　檜垣立哉は、真理や基盤、規範といった絶対的な知を素朴に信じることができない時代のただなかで、その流れに深く対応しながら思考を展開した稀有な哲学者としてドゥルーズを評しています（檜垣 2002：21）。私たちも同様に、問いが解けないことに直面した時代の渦中にいます。「問い」をめぐる悩ましさに向き合うとき、私たちはドゥルーズとともに、ドゥルーズとは別の仕方で、未決定性に富んだこの時代に応答しようとしているのかもしれません。そうであるならば、多くの教師と生徒が「課題の設定」に不安や悩ましさを感じているということは、単に乗り越えられるべき（解決されるべき）否定的な状況ではないように思われます。

　本節でみてきたように、問いを立てるという試みは、探究の出発点を定め、解決を導くこと以上のものです。問いを立てるということは、すべての学ぶ人が、自らを規定している所与の枠組みをゆさぶり、自らの知性を自由に用いる創造的な試みでもあるという点で、探究学習の真骨頂ともいえるでしょう。

第4節　「問い」が立てられるとき、私たちには何ができるのか

　前節までの検討を通して、学習者が自ら問いを立てる（「課題の設定」）という試みには、学校教育の長い歴史のなかで形成されてきた関係性（問う者／問われる者、教師／生徒）を組み換え、固定化した認識の枠組をゆさぶるという創造的な行為が含まれているということを提示しました。こうした意義に鑑みると、学習指導要領の解説において、「探究のプロセスの中でもとりわけ「課題の設定」を丁寧に指導することを心がけたい」（文部科学省 2018：48）とされていることも深く頷けます。ですが、そうであればこそ、学習者が自ら問いを立てる際に、教師はどのように関わればよいのかという悩みも深みを増すように思わ

れます。探究学習においては、教師も生徒と同様に「解決」や「答え」を知らない存在です。そればかりか、立てられた「問い」が本当に「いい問い」なのか、教師にもはっきりとはわかりません。では、「教える」のとは別の仕方で、どのように私たちは「課題の設定」に関わることができるのでしょうか。

　ところで、探究学習においては「自分で課題（問い）を立てる」ことの重要性がたびたび強調されます。しかし、そもそも問いを立てるということはそれほど「能動的」な行為ではないのかもしれません。例えば、「問いが生まれる」とか「問いが浮かび上がる」といった表現がありますが、その際、「問い」は生成したり、到来するようなものとしてイメージされているようです。「問い」というものが、主体の意図的、能動的な働きかけによってのみ得られるものでないとすれば、「問いを立てる」ということを私たちはどのように経験しているのでしょうか。ここでは、「中動態」という概念をてがかりに、「問いを立てる」という経験を解きほぐしてみたいと思います。それを通じて、「問いを立てる」という経験を豊かにするために、私たちに何ができるのかを探っていくことにしましょう。

　「中動態」とは何か。國分功一郎によれば、能動態／受動態（〜する／〜される）という私たちにとって自明と思われる文法上の枠組みは、普遍的なものではありません。古典ギリシア語の古層まで言語の歴史を遡ると、そこには能動態／中動態の対立が存在したというのです。中動態という語から、なんとなく能動と受動のあいだに位置付けられるような印象を受ける方もいるかもしれませんが、そうではありません。古典ギリシア語の文法書などを見てみると、中動態は「行為の結果が何らかの形で主語に再帰する場合に用いられる」（大貫2004：7）と説明されることが多いようです。重要なのは、能動態／受動態の対立では「する／される」という行為主体の意志の所在が問題となりますが、能動態／中動態の対立では行為主体の意志は問題とはならないという点です。では、能動態／中動態の対立において一体なにが問題となるのでしょうか。それは、「主語が過程の外にあるか内にあるか」（國分 2017：97）であるといいます。つまり、能動態は「主語から出発して主語の外で完遂する過程」を指し示すのに対して、中動態は「主語がその座となるような過程を表している」のであっ

て、「主語は過程の内部にある」場合に用いられます（國分 2017：88）。端的に
いえば、中動態は、〈行為者が活動の過程（プロセス）の中に巻き込まれながら
行為が生成する〉という事態を指しているのです。

　國分は『中動態の世界』の序盤で「能動の形式で表現される事態や行為であ
ろうとも、それを能動の概念によって説明できるとは限らない」（國分 2017：
20）と述べていますが、問うことや探究することもまた、能動の概念では説明
しきれない側面をもっているように思われます。ちなみに、古典ギリシア語に
は「問う、尋ねる、質問する、探究する」といった意味を含む動詞に *ἔρομαι*
がありますが、これは中動態をとる動詞です。こうして能動態／中動態という
新たな（あるいは古の）パースペクティブから見てみると、「私が問う」という
ことも、その内実は「私において何かしらの問いが生じている」と表現するほ
うが相応しい事態であるように思えてきます。「問い」は自ら明確な意図を
もって「立てる」「設定する」ものというよりも、様々な出来事や、異質なも
の、不思議なものとの出会い、あるいは多様な他者との対話に触発されて自ず
から「私において生じる」という性格をもっているのかもしれません。

　本章では、問いを立てることの難しさを解きほぐしながら、問いが生まれる
条件について考えてきました。検討を通して明らかになったのは、問いが生ま
れるとき、「問う―問われる」関係から「問い合う」関係への変容が起こって
いるということ、そして「問い合う」過程において様々な出来事や事実に触れ
るとき「問い」が閃くということでした。学習者自らが問いを立てるプロセス
において、教師もまたその過程の内部に巻き込まれていきます。そこではもは
や学習者が問うか教師が問うかはさしたる問題ではありません。どちらからと
もなく問いが生まれるようになれば、関係が変容しはじめている証です。そし
て、問いが生まれる関係の始まりは思いがけないところにあるものです。「課
題を設定しましょう」という呼びかけは往々にして教室を静まり返らせます。
「あなたの〈不思議〉は何ですか」「あなたの〈好き〉は何ですか」「あなたの
〈怒りや悲しみ〉はなんですか」、例えばこんな問いかけから探究を始めてみて
はどうでしょうか。

注
１）　安斎・塩瀬は「発問」／「質問」と「問い」の違いを論じる際、「問い」の特質は「事前に答えがわからず、さらには答えがあるかどうかもわからない状況において、答えを探るための創造的対話を促進するトリガーとして」機能する点であると述べている（安斎・塩瀬 2020：42-44）。
２）　ランシエールの思想をてがかりとしつつ、探究学習における「知性の解放」の可能性を論じたものとして小玉・村松・田中（2022）を参照。

参考文献

安斎勇樹・塩瀬隆之（2020）『問いのデザイン――創造的対話のファシリテーション』学芸出版社。
大貫隆（2004）『新約聖書ギリシア語入門』岩波書店。
國分功一郎（2017）『中動態の世界――意志と責任の考古学』医学書院。
小玉重夫・村松灯・田中智輝（2022）「高大接続改革の教育政治学的意義――探究学習における「知性の解放」に着目して」『東京大学大学院教育学研究科紀要』61、275-286。
ドゥルーズ、ジル（1974）『ベルクソンの哲学』宇波彰訳、法政大学出版局。
檜垣立哉（2002）『ドゥルーズ――解けない問いを生きる』NHK 出版。
文部科学省（2018）『高等学校学習指導要領解説 総合的な探究の時間編』。
ランシエール、ジャック（2011）『無知な教師――知性の解放について』梶田裕・堀容子訳、法政大学出版局。

（田 中 智 輝）

第2章
「調べ学習」を超えてどのように
探究学習をデザインするか？
──現実の社会への参画を組み込んだ探究学習──

第1節　「調べ学習」型で行う探究学習の課題

1　「調べて発表する」だけで良いのか

　一般に、探究学習のプロセスは、「課題の設定」→「情報の収集」→「整理・分析」→「まとめ・表現」を繰り返す中で学びを深めていくものとして理解されています（第Ⅰ部第2章参照）。生徒が普段の生活や社会の中で、自ら掘り下げてみたい課題を設定し、その課題について調査し、調査で得られた内容を分析・考察し、その成果をまとめ、発表や発信を行う──そのような形での探究学習は、実際に数多く行われています。

　しかし、こうしたプロセスをただ単になぞるだけでは学びが浅くなったり、取り上げた社会的な課題について生徒が十分に問題意識を持てないまま終わったりする、という声もしばしば耳にします。

　探究学習で、調べることそのものがゴールとして設定される場合、生徒があくまで「授業のために調べる」という姿勢にとどまってしまうことがあります。例えば生徒が自分の住む地域の課題について調べた成果を「発表」するとしても、それがあくまで授業の発表会として行われるだけで、何ら地域を動かすことにつながらなければ、生徒にとっては探究に取り組むモチベーションを持ちづらいかもしれません。もちろん、探究する課題を工夫することである程度克服できる部分もありますが、授業自体で設定された学びの文脈が、あくまで授業の中に閉じている限り、生徒の動機付けにおいては難しい面も出てくるでしょう。

　このことは、探究の対象とする現代社会の課題に対して生徒の関心を高める

うえでも難しさを生みます。扱うテーマや切り口にもよりますが、例えば大きな社会課題や世界的な問題について調べて発表するという活動を行う場合、それだけでは生徒は関心を持ちづらいかもしれません。

2　本物の状況を用意する──「真正の学び」という考え方

　こうした課題を踏まえると、社会から切り離された教室の文脈での探究にとどめるのではなく、現実の社会に関わる本物の状況を用意することが、一つの方策として考えられます。こうした学びのあり方は「真正の（authentic）学び」と呼ばれます。これに関わって、河野哲也は次のように述べています。

> 　強調しておきたいのは、探究の授業の目的は、社会で探究的な活動をするための準備などではないということです。探究の授業の目的は、実際に探究することにあります。（中略）高校生であっても、そのできる活動の範囲で、実際に探究するのです。それは、現実の知的貢献を目指し、実際の問題解決を目指し、本当に社会に役に立つものを目指すものでなければならないのです。探究は真正の学びでなければならず、社会から分離された単なる「教室での出来事」であってはなりません。（河野 2021：37）

　アメリカの研究者ニューマン（F. M. Newmann）は、「真正の学び」の基準として、「知識の構築」「鍛錬された探究」「学びの学校の外での価値」の３つを挙げており、示唆に富むところです（ニューマン 2017）。ニューマンの理論にも影響を受けながらアメリカを中心に展開されてきた教育実践に、サービス・ラーニング（service-learning）があります。これは、教室での学習と、地域や社会の問題解決に取り組む活動を結びつける方法です。以下では、こうしたサービス・ラーニングの議論なども参照しながら、現実社会への参画を組み込んだ探究学習のあり方を考えてみたいと思います。なお、次章では、より具体的な事例も紹介されているので、ぜひあわせてご参照ください。

第2節　現実の社会参画を組み込んだ探究学習のデザイン

1　生徒自身の関心と地域や社会を結びつける

　本書でも何度か登場するように、探究学習の重要な鍵でもあり、多くの先生方の悩みの一つでもあるのが、テーマや問いの設定です。

　現実社会の文脈を意識し、学びが真正なものとなるよう探究学習をデザインするうえで、取り組む内容が実社会の課題と結びついたものであることは重要です。ただ、設定されたテーマが生徒の関心や生活から遠く感じられるものであると、生徒にとっては「やらされ」感を抱きやすいかもしれません。そのため、生徒が日々生活する中で感じている、「なぜだろう」「おかしい」「放っておけない」といった生徒の側の問題意識や関心を起点にしながら、それを地域や社会の課題と結びつけるような形でテーマや問いを設定していくことも有効です。例えば、岩手県立大船渡高校の「大船渡学」と称した探究学習では、地域を知ることをゴールに据える形では生徒の主体性が育まれないとの問題意識から、あくまで生徒の学びたいことを中心に据え、生徒が検証や行動を起こすフィールドとして地域を位置付けています。¹⁾生徒はすでに社会の中に生きている一員であり、日々の生活の中で芽生える関心や視点を、探究の問いにつないでいくことが大切といえます。

　むろん、生徒の内なる関心を掘り下げていくだけでは難しい、という場合もあるでしょう。実際に課題と対峙してその解決に取り組んでいる人の話を聴いたり、現地に足を運んで見聞きしたりといった出会いや体験に触発される中で、問題関心が引き出されていくこともあります。状況に応じて、こうした機会を設けることも効果的かもしれません。

2　探究学習のサイクルに社会参画を組み込む

　社会科教育の文脈でサービス・ラーニングの考え方を取り入れた「社会参加学習」を提唱した唐木清志は、その学習段階を「問題把握」「問題分析」「意思決定」「提案・参加」の4つにまとめています（唐木 2008）。社会の課題につい

て学んだり調べたりするだけでなく、解決策を考え、さらにそれを実際に実行する「提案・参加」にまで展開するところに、特徴を見出すことができます。すなわち、政治家や行政担当者に対して提案を行ったり、自分たちで考えた解決のためのアクションプランを実行したりするという具合です。

　こうした社会参画の要素を、探究学習にどのように組み込むことができるのでしょうか。岐阜県立可児高校では、地域課題に関する学習などを重ねた後、市議会と連携し、グループで探究したテーマに基づき市議会に意見書を提出する「高校生議会」と称した実践が行われてきました。意見書のテーマには、公衆フリー wi-fi の整備、学習スペースの設置、交通機関の整備といった生徒たち自身にとっても切実性や重要性の高い内容も多く、そうした課題について自分たちの意見を届けられる機会になっていたといえます。いわば探究学習のプロセスにおける「まとめ・表現」を、現実の地域社会に影響を与えうるものにすることで真正性をもたせ、そこに向けて学習を深めさせていく形になっているといえます。

　また、「まとめ・表現」の手前の段階にある探究の活動の中で、生徒が地域で活動したり課題解決のためのプロジェクトに取り組んだりするような形も考えられます。先述の「大船渡学」では、表Ⅱ-2-1のように、課題やそれに関する仮説を設定した後、地域でのフィールドワーク、さらには課題解決のためのアクションなどを重ねながら学びを深めていき、その成果を定期的に発表するという形をとっています。生徒が探究学習を進めていく過程で、教室と地域を行き来しながら問いを深め、問題意識を明確にし、それに基づいて地域で活動していくという構造になっていることがわかります。

　これらのほかにも、課題を設定する前段階で体験活動の機会を設けたり、発表後にさらなるプロジェクトに展開したりするなど、様々な形で社会参画の要素を組み込むことが考えられます。いずれにしても共通していることは、教室での学びを越えて、地域や社会で起きている問題の解決に実際に生徒が関わるような「本物の」状況を用意し、そうした中で学習を展開していくということです。

表Ⅱ-2-1　大船渡高校「大船渡学」の年間計画（2018年度）

	1年	2年
5月	**オリエンテーション**　考え方の整理・仮説を立てられる視点の共有、課題設定に向けた **学びの整理・仮説設定**　自分が取り組みたい「地域課題」を明確化 **行動計画策定**　チームを組んで、夏休みのフィールドワークの行動計画を策定	**講演会・オリエンテーション**　探究することの意義の共有。1年生の学びとの違いを理解する **仮説設定**　夏休みの検証に向け、事前探究の内容を整理
6月	**夏休みのアクション策定**　前検証の明確化や取り組みに必要なスケジュール確定	**行動計画策定**　夏休みのフィールドワークの行動計画を策定、事前
7月	**夏休みの事前検証の報告**　クラス・チームごとに発表、スケジュールの確定	**夏休みの事前検証の報告**　小グループで事前検証の内容を相互に質問し合い深める
夏休み	**地域の課題**　調査や体験を実施、仮説検証に地域の現場でヒアリング	**フィールドワーク**　仮説の調査・検証を実際に地域の現場でヒアリング
8月	↓	**夏休みのフィールドワーク成果物作成** **フィールドワークのクラス内発表**　夏休みの取り組みや成果物の修正・他の発表や
9月	**フィールドワークのクラス内発表**　夏休みの取り組みから成果物の修正やチームごとに発表。他の発表や	**夏休みの振り返り・後期プログラム設定**　夏休みの取り組みについて考え、個人振り返り、後半の取り組みを **学びたいことを考える**　どこでどう学びたいか、今後に探究したいことを一緒に学ぶ研究者を導き出す
11月	**アクション検討ワークショップ**　まとめた学びから案をもとに「地域課題」を再設定。 **アクション案の具体化**　すくアクションをどのように行うか準備、アクション案の明確化と	↓
12月	**事前準備の状況の整理**　アクション案の準備状況の確認、アクション案のブラッシュ **中間発表**　解決したい課題と準備状況をチームごとに発表	**中間発表**　クラス内で実践状況を深め合う、中間発表会。生徒がそれぞれ
冬休み	**地域の課題を解決するアクションの実践**　設定したアクションプランを地域で実施、地域の課題を解決するために高校生が	**個人活動**　これから探究したいことについて調べる
1月	**発表会**　これまでの実践をポスター発表形式で共有	**発表会**　クラス内発表会。2年間の学びの整理と振り返り
2月	**全体報告会**　大船渡学に協力いただいた団体などを対象とした報告会、取り組みの共有 **振り返り**　自分を通じた学びや1年間の活動の自己評価・チーム内評価、計画の整理	

（前期・後期）

出典：「「大船渡学」に学ぶ問い語き　探究の問いをどう「自分ごと化」していくか？」リクルート進学総研『キャリアガイダンス』Vol. 425、11頁。

3　「活動あって学びなし」に陥らないために

　他方で、生徒が実際にアクションやプロジェクトを動かすような機会を組み込んだ学習では、ともすればそうした活動に重きが置かれるあまり、学びが浅くなってしまうということも起こりえます。いわゆる「活動あって学びなし」といわれる問題です。そのためサービス・ラーニングでは、活動で得られた学びを深める振り返り（リフレクション）にも重点を置いています。

　一般的に振り返りというと、感想を書いてまとめるようなことが想起されやすいですが、サービス・ラーニングでは、リフレクションの方法をより広く捉えています。例えばアメリカでは、討論を行う、グループでジャーナルを書く、ポートフォリオを作成する、手紙を書く、作品や演劇、映像などを制作する、関連する記事や本を読むなど、多様な方法が紹介されています（唐木 2010）。

　また、取り組んだ活動について考察を深めたり、関連した内容について学んだりさらに調べたりしながら視野を広げる関連学習（連結学習）も、効果的な方策として考えられています。こうした機会を、他の教科等の時間も含めて積極的に設けることで、学びが一過性のものにならず、より一層深まりやすくなると思われます。

4　実践の中で生まれる揺らぎと学び

　ここまで社会参画を組み込んだ探究学習の基本設計について述べてきましたが、現実の社会との関わりの中で行われる探究学習では、必ずしも学習は予定どおりに、直線的に進むとは限りません。例えば、地域に出て活動してみる中で、それまで予想していなかった新たな課題に出会い、活動の方向性が変わることもあります。生徒が考えた提言にフィードバックをもらうことで計画の見直しが必要になったり、仮説を検証するためにやってみた活動がうまくいかなかったりするということもあるでしょう。

　一定の計画的・系統的な設計が求められる教科の学習では難しいこともありますが、総合的な探究の時間であれば、こうした予定調和ではない学びこそ大切にしたいものです。ある意味で、教師の想定した枠組みを飛び出るような展開をどれだけ柔軟に受け止められるかという、教師の側のありようが問われて

いるところでもあります。

　中野真志・西野雄一郎が紹介するサービス・ラーニングの理論は、この点で示唆的といえます（中野・西野 2006）。いわく、サービス・ラーニングにおける経験が、学習者が前もって抱いていた期待と整合する場合、彼／彼女らはそれ以降同じような経験をしても深く考えずに処理していくようになるといいます。すなわち、探究学習での活動が、子どもの既有知識の裏付けにとどまったり、むしろ既成観念を強化したりするようなケースといえます。他方で、サービス・ラーニングでの経験が、学習者の期待やイメージ、価値などに整合しないとき、そこで生まれる「驚きや困惑」が、反省的な思考や判断、知識の更新や洗練につながるといいます。それまでの子どもの生活経験や既有知識はもちろん、文献や資料から得た知見や教室で学んだことと、いざ実際に地域や社会に足を踏み出してみて経験する中で見えてきたことの「ずれ」こそが、学びを予定調和で終わらせず深いものにしていく契機となるのです。こうした予想外の出会いと紆余曲折の中で学びの世界が広がっていくことこそ、現実の社会と関わりながら進める探究の醍醐味といえるのではないでしょうか。

第3節　どのような探究学習をめざすべきか

1　「何のための探究か」に立ち返って考える

　ここまで触れてきたような探究学習のスタイルは、一つの形ではあるものの、読まれている方によっては、イメージしていた探究学習とは違ったということもあるかもしれません。

　そもそも探究学習と一口に言っても、そのねらいや実情は様々です。蒲生(2018) は、スーパーサイエンスハイスクール（SSH）、スーパーグローバルハイスクール（SGH）の指定校をはじめとする先進校とそれ以外の高校とでは、探究の「ねらい」、あるいは何が「よい探究」かという認識が異なっている可能性を指摘しています。確かに、進学校や先進校のような学校では、大学での学修や研究を射程に入れたアカデミックな探究学習の事例も多くみられる一方で、進路多様校などではこうした実践とは異なる探究学習が模索されています。ま

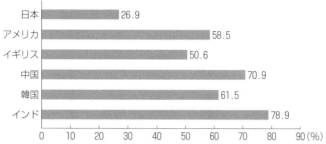

図Ⅱ-2-1　「自分の行動で、国や社会を変えられると思う」と感じる18歳の割合

出典）日本財団（2022）「18歳意識調査「第46回 国や社会に対する意識（6カ国調査）」報告書」11頁より抜粋して作成。

た地方の高校の場合、地域の活性化や魅力化を志向する実践も多く、そこにはまた別の背景やねらいもあるといえます。高校教員を対象とした別の調査でも、総合的な探究の時間を通じて育むことを期待する能力について、進学校では「課題発見力」、進路多様校では「実行力」への期待が相対的に高いといったニーズの違いも示唆されています（池田ほか 2020）。

　あとで述べるとおり、各学校の違いに応じてそれぞれに合った取組を選択することは重要ですが、それに先立ち、そもそも探究学習は何のために行うものなのか、という目的に立ち返って考えてみることも必要かもしれません。例えば、すべての子どもが職業として研究者の道を選ぶわけではありませんが、すべての子どもを社会の形成者として育むことは学校の大切な役割の一つです。こうした公教育に求められる役割を踏まえたときに、探究学習はどのようにあるべきなのでしょうか。

　そのような視点で考えたとき、生徒がまだ見たことのない世界と出会い、自分の価値観や考えを揺さぶり、見つめ直しながら、社会認識を豊かなものにしていくうえで、現実社会と交わりながら学ぶ探究学習の意義は小さくないといえます。加えて重要なのは、生徒が自分たちの考えを大人に真剣に聴いてもらい、応答してもらえる経験、ひいては実際に何かが変わるという経験を通して、自分たちが動けば社会が変わるかもしれないという感覚（効力感）を育むとい

うことです。日本の若年層は、他国の同世代に比べて、自分たちの参加や行動によって国や社会を変えられるという感覚が低い傾向が指摘されてきました（図Ⅱ-2-1）。このため学校教育においても、社会に関わり、手応えを得るという、主権者や市民としての社会参加の基盤となる経験を、生徒にしっかりと保障していくことが求められています。その意味でも、「授業のため」の学びを越えて、実際に自分たちを取り巻く地域や社会の問題解決に参画する中で学ぶ、「真正の学び」を目指した探究学習には、重要な意義があるといえるでしょう。

2　それぞれの学校の状況や目標を踏まえたカリキュラム・マネジメントへ

　本章では、社会参画を重視した探究学習の方法やその意義を見てきました。ただ、全国どこの学校でも型にはめたようにこのような探究学習を行えば良いというわけではなく、それぞれの学校が置かれた状況やニーズ、重点課題などを踏まえながら、探究学習を通じて生徒に育みたいことを明確化し、具体的な実践方法を組み立てていくことが大切といえます。

　その際に、総合的な探究の時間単独であり方を考えるのではなく、学校全体のカリキュラムとの関係で考えることも意識してみると良いかもしれません。例えば特別活動や他の科目などを利用して社会参画の機会に重点的に取り組んでいる学校では、むしろ総合的な探究の時間には、それとは違う力点や役割を期待していくことも考えられます。あるいは、特に低学力層の生徒が多い学校などでは、生徒が自信をもてず、効力感の育成が課題となることも多いですが（第Ⅱ部第7章も参照）、こうした学校では総合的な探究の時間を含め、学校全体でそのための機会をふんだんに設けることもあり得るでしょう。総合的な探究の時間のあり方を考えることが、学校全体のカリキュラム・マネジメントを促し、活性化していく一つの契機になればと思います。

注
　1）「「大船渡学」に学ぶ問い磨き　探究の問いをどう“自分ごと化”していくか？」リクルート進学総研『キャリアガイダンス』Vol. 425。
　2）　EDUPEDIA「学校と議会が協働した「高校生議会」の実践（岐阜県立可児高校・

可児市議会）」https://edupedia.jp/archives/25605, 2023年3月23日閲覧。

参考文献

池田政宣・村瀬公胤・武田明典（2020）「「総合的な探究の時間」の導入に向けた高等学校教員のニーズ調査」『神田外語大学紀要』32、451-471。

石井英真（2015）『今求められる学力と学びとは──コンピテンシー・ベースのカリキュラムの光と影』日本標準。

蒲生諒太（2018）「全国高等学校「探究的な学習」に関するアンケート調査──探究先進校と一般校の比較検討──」『同志社女子大学教職課程年報』1、44-62。

唐木清志（2008）『子どもの社会参加と社会科教育──日本型サービス・ラーニングの構想』東洋館出版社。

唐木清志（2010）『アメリカ公民教育におけるサービス・ラーニング』東信堂。

河野哲也（2021）『問う方法・考える方法──「探究型の学習」のために』筑摩書房。

中野真志・西野雄一郎（2006）「サービスラーニングの理論モデルに関する研究」『愛知教育大学教育実践総合センター紀要』9、1-8。

ニューマン、フレッド・M.（2017）『真正の学び／学力──質の高い知をめぐる学校再建』渡部竜也・堀田諭訳、春風社。

（古田雄一）

第3章

探究学習のプロセスを
どう指導すればよいのか？

▎第1節　高校教員における探究学習のプロセスに関する悩み

　第Ⅰ部第4章で検討された質問紙調査によれば、「探究のプロセスに対して
どのように指導したらいいか、わからない」に関する高校教員の回答の平均値
は、2.64であり、意味的中央値2.50を上回っていました。その予備調査とし
て実施された自由記述式の質問紙調査によれば、高校教員は総合的な探究の時
間における探究のプロセスの指導に関して「生徒たちの探究心の高め方、興味
関心の持たせ方」、「生徒の課題設定や仮説の設定」に悩みを感じていました。
また、教科での探究における探究のプロセスの指導に関して「生徒に探究させ
る課題を見つけさせることが難しい」、「生徒に興味関心を持たせるための工夫
が必要になる」「深まりを追求するのが難しい」「継続性を担保するのが難しく、
トピック的な取り上げになりがち」といった点に悩みを感じていました。

　これらのことから、高校教員は、探究のプロセスの指導のうち、特に、「生
徒が興味をもつ課題設定」、「生徒による課題探究の深化」、「生徒による継続的
な課題の追求」を可能にする指導のあり方について、悩みを感じていることが
うかがえます。そこで、本章では、A中学校の特別活動の時間における探究
学習に関する実践事例を記述した上で、探究のプロセスの指導、とりわけ「生
徒が興味をもつ課題設定」、「生徒による課題探究の深化」、「生徒による継続的
な課題の追求」を可能にする教師の指導のあり方について考察します。

第 2 節　A 中学校の特別活動の時間における 探究学習に関する実践事例

1　本実践の背景

　本節の実践事例は大林・近藤（2022）で記述されている近藤による実践研究の成果を本章の目的に沿って要約したものです。近藤は教職大学院の現職院生として、置籍校である A 中学校にて、この実践研究を行いました。A 中学校の生徒数は約600名であり、社会経済的背景に大きな特徴はありません。

　教職員への聞き取り調査の結果、A 中学校の課題は生徒の主体性の不足だと考えられました。そこで近藤は、特別活動の生徒会活動において生徒会役員の 6 名の生徒（A ~ F）が、地域での防災に関するサービス・ラーニング（SL）を行うことにより、生徒の主体性を高めることを実践研究の目的としました。

2　生徒会役員による T 地区・H 地区自主防災訓練への参加

　2020年 1 月20日、近藤は校区にある T 公民館職員の N 氏、自主防災連合会の I 氏、防災士の G 氏と 2 月16日の避難所運営ゲーム体験の打ち合わせを行いました。近藤は生徒の実態と課題、SL の目的や流れ、解決策の計画と実行の際に地域の方と協働しながら進めたい旨を説明し、その了承を得ました。

　2 月 6 日、N 氏と G 氏による出前授業が、生徒会役員の全員を対象に A 中学校の図書室で行われました。生徒は「避難所が開設するまでのイメージ」や、「避難所では、それぞれ特徴を持った人の待機場所や物資の保管場所を決める時にスムーズにいかないこと」「元気な中学生が避難所運営に貢献できることを見つけ、活動することが大事であること」などを学びました。

　2 月16日、生徒会役員11名は、T・H 地区の自主防災訓練における避難所運営ゲームに参加することを通して、避難所運営の実態や課題を学びました。

3　生徒による実践の計画
（1）地域課題の出し合いと「めざす地域の姿」の決定

　6 月26日、近藤は生徒会役員 6 名に対して生徒会活動の授業をしました。近

藤は授業中、「生徒の主体性を高めるため必要以上に発言しないこと」および「共感を伝えるなど、学習者全員を尊重すること」を心掛けました。

　近藤は２月16日に生徒達が自主防災訓練で見つけていた課題を生徒に提示しました。その後、生徒達に、一人４枚ずつ付箋を渡し、地域課題を書き入れさせた上で、それを発表させました。次に、生徒達は「めざす地域の姿」を話し合い、それを「避難してきた人が、安心感を持てる町」としました。

　近藤は、次回の授業では地域課題の解決策を話し合うことを生徒に伝えました。また、生徒に、その解決策をワークシートに記入する宿題を課しました。

（２）「めざす地域の姿」にするための解決策の出し合い

　７月２日、生徒達は、「避難してきた人が安心感を持てる町（避難所）」にするための解決策を出し合いました。結果、前回出された「避難所レイアウト作成、名簿作成」の他に、①「ハザードマップ作り（地域の人と一緒に作る）」、②「避難訓練」、③「あいさつ・声掛け」④「代用品のリストアップ」、⑤「得意なことを名札にする」、⑥「避難所の部屋割りレイアウトの作成」、⑦「準備されているものを町民に知らせる」といった解決策が提案されました。

（３）Ｔ中学校の取組の学習と解決策の決定

　Ａ中学校の隣にあるＴ中学校では、2007年頃から住民や大学と連携した先進的な防災学習が津波対策を中心に実施されていました。近藤は、Ｔ中学校の防災学習を始めたＬ教諭と、Ｔ中学校の〇教諭から、その防災学習の話を聞き、関連資料を入手しました。７月15日、近藤は、その資料を活用して、Ｔ中学校の生徒による防災学習の取組を６名の生徒達に向けて発表しました。その発表後、生徒達は、Ｔ中学校の生徒の活動に対して、自然に拍手をしていました。その後、生徒達は、「めざす地域の姿」にするために取り組む解決策を議論しました。結果、① 避難所レイアウト作成、② 名簿・名札作成、③ 段ボールベッドづくりと説明書作成の３つの解決策に取り組むことになりました。

（4）解決策の効果の測定方法の話し合い

　7月17日、生徒達は取り組む解決策の効果を検証する方法を話し合いました。近藤は「どんな風に」「いつ、何回」「誰に対して」「どんな内容」で解決策の効果を測定できるのか、を検討するように生徒達に働きかけました。話し合いの結果、アンケートを作って、地域の人や生徒、教師を対象に解決策の発表を聞く前と聞いた後で、安心感が高まったかどうかを尋ねることになりました。近藤は生徒の提案に沿ったアンケートの原案を作成することにしました。

　Bは「アンケートを取るのか。自分たちの解決策が評価されることだから、ちゃんと本気で考えて提案しないといけない」旨を発言しました。

（5）解決策に関する住民や専門家との協議

　7月28日、大学の専門家のK先生、住民、生徒が遠隔で協議しました。N氏は熊本県豪雨災害の状況と避難所の実情を説明しました。K先生は社会的距離を考慮した避難所レイアウトの必要性と過去の震災で効果的だった「できますゼッケン」の説明をしました。生徒は作ってきた解決策を発表しました。

　生徒の「自分たちが考えている解決策は効果があるのか」との質問に対して、N氏は「段ボールの提案は学校の中だけでなく家庭でもできる。日頃の生活の中でできることの提案が良かった」と応じました。K先生は「避難所レイアウトを事前に考えておくことは安心感を高める効果があると思う」と発言しました。地域の防災士は「このように大人と子ども、地域住民同士のコミュニケーションをとることが安心感を高めることにつながる」と述べました。生徒達は、作成してきた計画が肯定的に評価されたことや、大人が生徒達による地域づくりへの関与に期待していることを知って満足そうにしていました。

　8月6日、K先生からの指摘を踏まえ、近藤は生徒達と安心感の内容を検討しました。その結果、安心感の内容には、① 社会的側面、② 心理的側面、③ 物理的側面、④ 身体的側面の4点があると考えることになりました。

4　生徒による実践の展開

（1）生徒個人による解決策の研究結果の出し合い

　8月18日、生徒達は研究してきた結果を発表し合いました。避難所レイアウトチームの4名は、考えてきた意見をまとめてレイアウトを作りました。

　3名の名札・名簿チームでは、感染症対策のための受付名簿の簡素化や、名札をつける人が得意なことを書いて服に貼ることが提案されました

　2名の段ボールベッドチームでは、Dが段ボールベッドを作る上でT中学校の取組を参考にしたいと述べました。近藤は防災担当のO教諭から、強度が強い組み方のコツを聞いていたので、それを生徒に教えました。近藤は、「強度の課題はクリアできたけど、他に問題はないかな」と問いました。Dは「段ボールは飛沫が飛んで、吸収したら衛生面では安全なのか？」などの疑問を出しました。そこで、次回までにそれを調べてくることになりました。

　8月21日には、さらに詳しく担当分野を決める話し合いが行われました。

　8月26日、生徒達はさらに研究してきた内容を発表し合いました。近藤はB、Eが作成した案をもとに避難所レイアウトを作りました。名札・名簿チームでは、受付名簿に得意なことの記入欄を設けることなどが提案されました。

　DとF、近藤は段ボールベッドのメリット、デメリットを出し合いました。それを隣で聞いていたEは「内閣府が推奨する避難所レイアウト作成の説明によれば間仕切りは必須と書かれている。段ボールで間仕切りを作れば住民の安心感が高まる」と述べました。これを受け、近藤はDとFに、「段ボール間仕切りの案も出たけど、どう思うか」と問いました。Dは「間仕切りが必須となっているのだったら、ベッドより間仕切りが優先と思う」と述べました。そこで、ベッドから段ボール間仕切りへと作成物を変えることになりました。

（2）解決策に関する住民との協議

　9月4日の放課後に、生徒達は遠隔会議で住民に解決策を提案しました。

　住民は、「濃厚接触者は和室に避難し、その隣にあるトイレを使うことになっているが、このトイレは数があり、健康な人が使うようにすればいいのではないか」と問いました。Bは「その意見もなるほどと思った。私たちが和室

に濃厚接触者を置いた理由は、公民館の屋外左側を濃厚接触者専用の外通路にすると健康な人との接触が少なくなると考えたからです。健康な人はトイレを近くの小学校にも借りに行く。駐車場に設置した仮設トイレを利用するため、敷地左側に置くことで移動しやすくなる。そのため、その反対側に濃厚接触者のスペースをおくことがいいのではないか」と述べました。会議を受け、生徒達が話し合った結果、今後の改善すべき点として、① 受付を情報管理スペースに設置すること、② レイアウトの種類を増やすことの 2 点が挙げられました。

（3）さらなる解決策の改善

　9 月 7 日、生徒達は解決策の改善を議論しました。A は「受付場所を情報管理スペースに設置すると外なので感染症対策ができる」と述べました。B は「外での受付で濃厚接触者と健康な人を分け、それぞれ違う出入口を使うことができるようにした」といいました。近藤は「館内の受付は必要か」と問いました。B は「外は濃厚接触者と健康な人を分けるための場所だから、受付名簿は館内で書くことを想定している」と話しました。C は「冬だと外は寒いし、人の健康を考えると中がいいと思う」と述べました。D は「濃厚接触者の受付だけは外に構え、空気感染しないようにしなければならない」と話しました。こうして受付を情報管理スペース（屋外）に設置することになりました。

（4）文化祭で放送する解決策の紹介映像の撮影

　Covid-19 により、文化祭で 6 名の生徒が作ってきた解決策を他の生徒に発表する代わりに、その解決策を紹介する映像を放送することになりました。9 月 8 日、その映像が撮影されました。近藤は、生徒の負担軽減のため、発表原稿を作りました。生徒達が加えたい説明があれば、加えて良いことにしました。1 回目の撮影では20分の映像になりました。与えられた時間は10分なので、カットするところを自分たちで決め、撮り直しました。C は伝える内容が少なくなったことを悔しがりました。B は声をよく拾うマイクを職員室から持ってきました。E は緊張しながらも何回も読む練習をして撮影に臨みました。

（5）文化祭における映像の放送とアンケートの実施

　9月11日午後の文化祭で、A中学校の全生徒は8日に撮影された映像を視聴しました。近藤は映像の視聴により「避難してきた人が安心感を持てる町（避難所）」になったかどうかを測る事前・事後アンケートを、各学年につき1つの学級の生徒と、9名の教員を対象に実施しました。

　この日の放課後、近藤は担任に、学級で映像を見ていた生徒の様子を尋ねました。担任は「しっかり集中してみていた」「すごいという感想を書いている子が何人もいた」「大きな画面で実物が手元にあればさらに良かった」「生徒会に入ってこんな活動をしてみたいという意見があった」旨を回答しました。

5　生徒による実践の振り返りと改善

（1）生徒によるアンケートの集計

　9月15日、生徒達はアンケートの集計方法を話し合いました。各自が分担してアンケートを持ち帰り、集計することになりました。

　9月18日、生徒達は集計結果を持ち寄りました。Bだけが分析しやすいようにデータをグラフにしていました。近藤は、データをグラフにする方法をBが他の生徒に教える機会を持ちたいと考えました。しかし、Bにとって重要な試験の日が近づいていました。そこで近藤は、9月23日にデータをグラフ化した資料を生徒達に渡し、解決策の提案の効果を考察する宿題を課しました。

（2）生徒によるアンケート結果の考察と解決策の改善

　10月2日の授業の前に、近藤は、生徒から質問されていた「① 段ボール間仕切りの感染症対策における有効性」と、「② 段ボール間仕切りの安全性を確保した高さ」について、K先生にメールで相談し、関連資料を入手しました。

　10月2日、生徒達はアンケートの結果について話し合いました。

　生徒会役員ではない3年生の生徒2名が、放課後、図書室でこの実践が行われている様子を見て関心を持ち、この取組に参加することになりました。

　生徒達は、アンケートで肯定的な回答が増えたことを確認し、解決策の提案が安心感を高めたと述べました。近藤は「でもこの解決策で本当に安心感が高

まったといえるかな」と問いました。A は「肯定的意見は確かに増えたが、否定的意見がゼロになったわけではないので、今後も安心感が持てる避難所を考えていく必要がある」と述べました。D は「効果はあったと思うが、もっと深く掘り下げたり地域の人の目線になって考えたりする必要がある」と発言しました。B は「回答でわからないという意見が気になる。一度実際に避難所レイアウトなどを作って見せてもいい」と述べました。そこで公民館の祭りで避難所レイアウトや名簿・名札を示すことになりました。

　段ボール間仕切りを作ることが安心感をもっと高めることになるとの意見も出ました。そこで、近藤は K 先生から受けた助言を生徒達に伝えました。その結果、段ボール間仕切りも作ることになりました。近藤は、段ボールチームに段ボール間仕切りを作る方法を調べておくように伝えました。

　次に、自由記述に記載された内容について話し合いました。C は covid-19 によって「収容人数が減り、避難所に入れない人がいたら、次の対策を考えておかなければ安心感が高まった避難所とは言えない」と述べました。そこで K 先生から得た情報を踏まえ、レイアウトを考え直すことになりました。

　10 月 7 日、内閣府と県が推奨する避難所レイアウトの良い点と課題を出し合いました。結果、それらが推奨する基準に基づくレイアウトを作成することになりました。レイアウトを担当してきた 3 年生が進路を決める時期になってきたため、近藤がそれらの生徒と相談しながらレイアウトを作成しました。

　10 月 14 日と 22 日には、D、E、F が段ボール間仕切りを作成しました。新たに加わった生徒が、間仕切りの模型を紙で作ったものを提案しました。D、E、F はその案を参考にして間仕切りの組み方を考えることにしました。

（3）改善された取組に関する住民との協議

　10 月 30 日の放課後、自主防災連合会の住民 6 名と、生徒 6 名が解決策をさらに改善するために遠隔で協議しました。生徒は文化祭でアンケートを取った結果、安心感は高まったが、十分とは言えないことを報告しました。改善した避難所レイアウトと、作成した段ボール間仕切りについて説明しました。

　住民から「実際には一人当たり 4m^2 確保すると人数が収容できない。この

レイアウトは災害が落ち着いて、避難人数が少なくなった時に使える。そう書いておけばどうか」との指摘があり、そうすることになりました。また、住民が「家族でかたまって過ごしたい場合、どうすればよいか」と質問しました。生徒は家族の想定人数を尋ねました。住民は「２～３人の想定でどうか」と回答しました。生徒は「避難してきた人が家族でまとまりたいなら、１区画に家族で入ってもらうこともあり得る」と応答しました。住民は段ボール間仕切りについて「三角形の土台は一番強度があってよい」と述べました。Ｅは「頑張って作ってよかった。間仕切りは強度にまだ問題がある」と応答しました。

（4）Ｔ公民館の祭りにおける取組の展示

　11月７日、Ｔ公民館で祭りが開催されました。公民館には生徒が実施してきた取組をもとに近藤が作成したポスターが掲示されました。ＤとＦはこの祭りに参加し、住民にポスターの内容を説明しました。Ｄは、住民から質問され、最初はぎこちなさそうでしたが、しっかり回答していました。Ｆは段ボール間仕切りについて質問され、工夫したところを伝えていました。子ども連れの家族にはパネルを使い、今までの経緯を丁寧に説明していました。

　また、地方紙の新聞記者が、ＤとＦに対して取材しました。ＤとＦは、これまでの取組や、そこで得られたこと、今後の課題などを自分の言葉で伝えることができました。後日の朝刊に、この取組の記事が掲載されました。生徒や保護者はこの記事を読んで喜びました。新聞を購入しに行った家庭もありました。公民館の便りにもこの取組の記事が掲載されました。近藤は祭りで使われたポスターを他の生徒が見られるように、それをＡ中学校に掲示しました。

第３節　探究学習のプロセスの指導に関する考察

　第２節の事例では、生徒達は興味をもって探究学習に取り組んでいました。また、徐々に課題の探究を深めていました。さらに、継続的に課題を追求していました。こうした生徒達の姿を生み出した主な要因は次の４点だと考えます。

　第一の要因は、生徒達にとって、探究する課題が切実であったことです。こ

のことが、生徒達が興味をもって課題を探究することに影響を与えたと考えます。生徒達は、防災を切実な課題だと考える住民と共に地域の防災活動に取り組むうちに、地域防災を解決すべき切実な課題だと認識したと考えられます。

　第二の要因は、地域課題解決に取り組む住民や専門家が、生徒達の質問や提案に応答していたことです。生徒達は、住民や専門家との協議と、取組の修正を繰り返すことで、課題の追求を深めていました。教師は、こうした応答が可能になるように、生徒達が住民や専門家と協議する場を設定していました。

　第三の要因は、生徒達が教師や防災に取り組む住民から本物の地域の課題の解決を期待されていたことです。こうした大人からの期待が生徒達による課題追求の深まりを促したと考えられます。教師が住民に一連の授業の目的や SL の流れを伝えていたことは、この期待を生み出すことに寄与したと考えます。

　第四の要因は、生徒達が課題解決の RPDCA サイクルの過程を決めていたことです。このことが生徒達の継続的な課題追求を可能にしたと考えられます。生徒達は地域の防災活動に参加して、その実態を知った上で、自ら目標や取組を決定し、実践、省察、改善を行っていました。教師はその過程を促すため、① 防災の知識の習得、伝達、② 議題の提案、③ 宿題の提案、④ 生徒の探究をさらに深めるための問いかけ、⑤ 経験や発表の場の設定を行っていました。

引用文献

大林正史・近藤千恵子（2022）「サービス・ラーニングによる生徒の主体性と社会的有効性意識の向上——中学校の生徒会と住民による避難所生活の課題解決を通して」『鳴門教育大学学校教育研究紀要』36、99-109。

（大林正史・近藤千恵子）

第4章

探究学習をどう評価すべきか？

第1節　探究学習の評価

　現在、ほとんどの高校教員は、生徒の立場で「総合的な探究の時間」を経験していないため、探究学習を評価することに困難さを抱えているのではないでしょうか？ 実際、第Ⅰ部第4章で示した教員対象の Web 調査では、設問「どのように評価したらいいか、わからない」に対する回答の平均値は2.88（4件法：1．全くそう思わない、2．そう思わない、3．そう思う、4．とてもそう思う）と、高校教員は相対的に探究学習の評価に困難さを感じていることが示されています。

　この探究学習の評価を取り巻く現状に対し、本章では、主に教育心理学の観点から、評価に関する主要な概念を整理し、探究学習の評価に関する「考え方」の一端を示します。具体的な評価方法である「レシピ」ではなく、レシピのための「考え方」を把握することで、探究学習の評価をこれまでとは異なる観点から、根本的に考えることができるでしょう。なお、探究学習の評価に関する具体的な「レシピ」は、国立教育政策研究所（2021）や西岡（2020）をご参照ください。

1　教育評価とは何か

　私たちは、これまでに数多くの「教育評価」を経験してきました。国語や算数の小テストや体育の実技テスト、高校や大学の入学試験、TOEIC や簿記といった資格試験など、その具体例は枚挙にいとまがないくらい多いものです。このような数多くの経験から、教育評価とは、「何らかのテストに関する成績

をつけ、今後の教育の方策や指針に利用すること」と考える人が多いのではないでしょうか。

　しかしながら、教育評価（educational evaluation）は、そもそも「教育活動に関わる意思決定の資料として、教育活動に参与する諸部分の状態、機能、所産などに関する情報を収集し、整理し、提供する過程」（東 1979）や「教育がうまくいっているかどうかを把握し、そこで捉えられた実態をふまえて教育を改善する営み」（西岡ほか 2020）と定義されます。つまり、教育評価とは、何らかの情報に基づいて、教育の実態を把握し、その実態を改善するために意思決定や価値判断することと考えることができます。

　この定義に基づいて、教育評価の目的・対象・主体を整理すると、**表Ⅱ-4-1**になります。

表Ⅱ-4-1　教育評価の目的と対象

評価の目的	評価の対象	ステイクホルダー（評価関係者）主体／情報の受け手
指導の計画や向上のために： ・子どもの長所やニーズを把握する ・学校がおかれている諸条件を理解する ・プログラムの効果を測る 指導方法として： ・学習上の期待についての情報を交流する ・学習についてフィードバックを与える ・知識・スキル等を応用する練習の機会を提供する ・動機づける 子どもの評定・学習集団編成・選抜のため： ・プログラムを選択する ・等級づける ・習熟度別学級編制を行う ・進級の可否を判断する ・入学許可・不許可を判断する ・資格を授与する アカウンタビリティのデータ提供のために	子どもの学習状況 ・学力 ・人格形成（学び一般） 教育の方策 ・指導方法、学習方法 ・授業 ・単元 ・カリキュラム（全体、または教科、総合学習、特別活動） ・教師 ・学習集団、学級 ・教育条件 ・教育環境 ・教育経営／管理 ・学校 ・教育制度 ・社会と学校の関係 　　　　　　　　　　　　　など 教育目的・目標 ・教育目的 ・教育目標	教師個人 子ども個人 子ども集団 教師集団（学年、教科、学校など） 学校管理者 保護者 地域住民 指導主事 他の学校園、大学 ビジネス界、雇用者 教育委員会（都道府県、市町村） 国家（立法、司法、行政） 一般市民 研究者 　　　　　　　　　　　　　など

出典）西岡ほか（2020）を引用。

　まず、教育評価の目的に目を向ければ、その目的は指導の計画や向上のためだけではなく、学習者への指導方法として活用することや習熟度別クラスの編成や入試などの選抜に分けることができます。近年では、保護者や地域住民などのステイクホルダー（説明責任）を果たすために、教育評価が行われることもあります。

　次に、教育評価の対象に目を向ければ、その対象は大きく「子どもの学習状況」「教育の方策」「教育目的・目標」に分けることができます。学力などの「子どもの学習状況」、ならびに指導方法や学習方法などの「教育の方策」は、学校が定めた、あるいは学習指導要領などで示されている教育目的・目標に基づいて、その実態を評価します。さらに、教育目的・目標そのものについても、妥当なものであるのかが評価の対象となります。

　また、近年では、教育評価において、アカウンタビリティの議論が活発に行われていることを踏まえると、評価の主体や情報の受け手、すなわちステイクホルダー（評価関係者）という視点を取り入れることも重要です。ステイクホルダーには、教師個人や子ども個人・集団のみならず、保護者が地域住民、指導主事、ビジネス界など多岐にわたります。当該の教育評価にあたっては、どのような人々がステイクホルダーであるのかを意識し、アカウンタビリティを果たせるようにすることが今後求められてくるでしょう。

2　教員視点における教育評価の機能

　我が国において、教育評価は、ブルームほか（1973）が示した「診断的評価」(diagnostic evaluation)、「形成的評価」(formative evaluation)、「総括的評価」(summative evaluation) に大別されてきました（西岡ほか 2020）。

　診断的評価とは、教授・学習の前に、学習者の状態を把握するために行われる評価のことです。例えば、入学当初や学年当初など、探究学習を行う前に、学習者の既有知識や興味をテストやアンケートなどにて測定することが挙げられます。診断的評価を行うことで、学習者がこれから学習する内容に対して、どの程度の準備状態にあるのかを把握し、今後の教授・学習の計画に役立てることができます。

　また、診断的評価のテストには、「前提テスト」と「事前テスト」がありま
す。前提テストとは、学習者がこれから学習する内容に対して、前提条件とな
る知識などを有しているのかを把握するために行われるテストです。他方、事
前テストとは、学習者がこれから学習する内容について、すでに目標の水準に
あるのかを把握するために行われるテストです。事前テストにて基準を満たし
ている場合には、当該の内容ではなく、新たな内容、あるいはより水準の高い
内容を学習するとよいことになります。

　形成的評価とは、教授・学習の最中に、意図したとおりの効果が学習者に認
められているのかを把握するために行われる評価のことです。例えば、探究学
習の最中に、現在の知識や興味をテストやアンケートなどにて測定することが
挙げられます。形成的評価を行い、学習者が意図した状態にないと判断した場
合には、教授・学習の計画を変更することや補充学習を追加で行うなど、現在
進行形で教授・学習を改善することができます。

　総括的評価とは、教授・学習のまとまりの締めくくりに、学習者の最終的な
到達度を把握するために行われる評価のことです。いわゆる、「成績」は、総
括的評価に基づいてつけられるものです。

　しかしながら、これら 3 つの評価機能は、学習者が評価の主体であることを
軽視しているとして、見直しが進んでいます（西岡ほか 2020）。特に、「形成的
評価」を「学習のための評価」（assessment for learning）、「総括的評価」を
「学習の評価」（assessment of learning）と再定義する動きが進んでいます。

　学習のための評価とは、学習の改善・促進を主目的として行われる評価であ
り、その評価のあらゆるプロセスは学習と関連付けられたものです（Wiliam
2018）。教師からのフィードバックなどの評価行為は、子どもの学習の改善・
促進に結びついて初めて「学習のための評価」になると考えます。他方、子ど
もの学習の改善・促進に結びつかないのならば、教師からのフィードバックな
どの評価行為がたとえ熱心に行われようと、学習のための評価にはならないの
です。

　学習の評価とは、説明責任・選抜・資格認定を主目的として行われる評価で
あり、公正性や客観性が求められるものです（Wiliam 2018）。ゆえに、学習の

評価では、共通した基準のもとで意思決定や価値判断を行わなければなりません。

　先に述べたとおり、教育評価とは、ともすれば「何らかのテストに関する成績をつけ、今後の教育の方策や指針に利用すること」、すなわち「学習の評価」であると誤解されている節があるのかもしれません。しかし、探究学習、ひいては教育の質を向上・改善させるためには、「学習の評価」だけではなく、「学習のための評価」を実施し、より学習者の実態に基づいて、探究学習、ひいては教育を展開していくことが求められるのです。

3　生徒視点における教育評価の機能

　「学習のための評価」や「学習の評価」は、いわば教育評価の機能を教員視点で整理したものですが、教育評価の機能は生徒視点で整理することも可能です。教育評価の機能を生徒視点で整理すると、「学習意欲への影響」と「学習行動への影響」に大別することができます。

　評価から学習意欲への影響について、鹿毛（1996）は図Ⅱ‐4‐1のモデルを提示しています。このモデルにおいて、教育評価の機能は「制御的機能」と「情報的機能」に分けられます。制御的機能とは、評価状況の設定によって、学習者は緊張や圧迫感、不安などの強制感を感知し、その結果内発的動機づけ

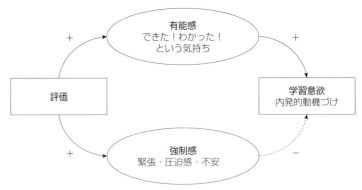

図Ⅱ‐4‐1　評価のあり方と学習意欲

注）A $\overset{+}{\to}$ B：A が B を高めるという意味；A $\overset{-}{\to}$ B：A が B を低めるという意味
出典）鹿毛（2013）を引用。

が低下する機能のことを意味します。他方、情報的機能とは、学習に関する情報を提供することによって、学習者は有能感を感知し、その結果内発的動機づけが高まる機能のことを意味します。つまり、評価が学習意欲に及ぼす影響はポジティブにもネガティブにもなりうることから、「諸刃の剣」であると考えることができます（鹿毛 2013）。

　評価から学習行動への影響について、テストの形式によって学習方略（学習の方法や工夫）が異なるという「テスト期待効果」（村山 2003）という概念があります。テスト期待効果に関する研究において、毎授業後に空所補充型のテストが与えられたクラスでは、暗記を重視した学習方略が使用されるのに対し、記述型のテストが与えられたクラスでは、意味理解を重視した学習方略が使用されることが認められています（村山 2003）。つまり、学習者は、評価の方法や形式によって、学習方略などの学習行動を使い分けていると考えることができます。

　以上を踏まえると、探究学習の評価を行う際には、生徒の学習意欲や学習行動にいかなる影響を与えうるのか見通した上で、その方法や形式を設定することが求められます。

第 2 節　探究学習の評価と妥当性

　前節では、探究学習の評価、ひいては教育評価に関する基本的な「考え方」を示してきましたが、評価の質を高くするには、どうすればいいのでしょうか。

　教育心理学において、評価の質は「妥当性」（validity）と「信頼性」（reliability）という観点から長年にわたって検討されてきました。

　妥当性とは、評価の結果が評価したいことを適切に反映している程度のことを意味します。つまり、妥当性は、評価したいことを本当に評価しているのかを問う概念であり、探究学習の評価、ひいては教育評価において担保することが必ず求められるものです。

　信頼性とは、測定結果の一貫性の程度のことを意味します。ここでの、測定結果の一貫性は、異なる評価者や評価方法（テストなど）、時期においても、測定結果が安定していることを指します。

　以下では、質の高い探究学習の評価を考えるために、特に妥当性について、より詳しく検討していきます。

1　構成概念

　妥当性について詳しく検討する前に、「構成概念」という考え方に触れておきます。構成概念とは、直接的に測定することはできないものの、定義することによって測定された変数（測定変数）をうまく説明できるもののことをいいます。例えば、「いろいろな考えを探す」「自分の意見をいう」「積極的に質問する」などが顕著な場合、「あの子は『主体的な態度』を身に付けているね」といわれることが多いかと思います。この「主体的な態度」はまさに構成概念であり、「いろいろな考えを探す」などの測定変数をうまく説明するものです。また、学習指導要領などで育成がめざされている「知識及び技能」「思考力・判断力・表現力など」「学びに向かう力、人間性など」などの学力も構成概念となります。

　注意が必要なのは、構成概念と測定変数の関係性です。すなわち、測定変数が構成概念に影響を与えるのではなく、構成概念が測定変数に影響を与えるという「因果関係」を想定しています。例えば、先の例について、「主体的な態度」という構成概念が、「いろいろな考えを探す」「自分の意見をいう」「積極的に質問する」などの測定変数に影響を与えるのです。そのため、構成概念を捉えようとする場合には、その概念が強く影響を与える複数の測定可能な行動や認知などを取り上げる必要があります。

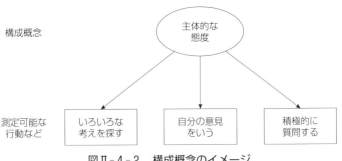

図Ⅱ-4-2　構成概念のイメージ

2　妥当性と信頼性

　信頼性は妥当性の必要条件と考えられていますが（Messick 1995）、この関係を図示したものとして、「ダーツのアナロジー」（図Ⅱ- 4 - 3 ）が有名です。このアナロジーは、10回連続してダーツを投げた事象に関するものです。

　左図のように、的の中心付近に一貫してダーツが当たっている場合には、妥当性と信頼性が高いと考えます。他方、右図のように、ダーツが点々バラバラな場所に当たっている場合には、妥当性と信頼性が低いと考えます。また、真ん中の図のように、ダーツが中心から外れた場所に集中して当たっている場合には、信頼性は高いものの、妥当性は低いと考えます。

　これらの中で、「信頼性は高いものの、妥当性は低い」は教育評価の中でとりわけ留意すべきです。「探究学習を通して、子どもたちに論理的思考力が身に付いたのかを評価する」場面において、「探究学習における教師への質問の頻度」や「探究学習への取組の熱心さ」など、論理的思考力とはあまり関係のない事象に依拠してしまうと、評価の信頼性は高いものの、妥当性は低いものとなってしまいます。この例は極端なものですが、探究学習の評価、ひいては教育評価においては、第一にその評価は一定程度の妥当性を有するのかを考えることが重要です。

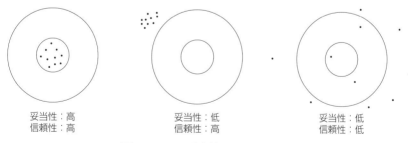

　　　　妥当性：高　　　　　　　　妥当性：低　　　　　　　　妥当性：低
　　　　信頼性：高　　　　　　　　信頼性：高　　　　　　　　信頼性：低

図Ⅱ- 4 - 3 　妥当性と信頼性の関係

出典）清水・山本（2021）より引用。

3　妥当性の担保

　では、評価の妥当性を担保するにはどうすればいいのでしょうか。これについて、Messick（1995）による妥当性の考え方が示唆的です。

　Messick（1995）は、妥当性を内容的側面、本質的側面、構造的側面、一般化可能性の側面、外的側面、結果的側面などの様々な側面の証拠を集めることで検討されるものと考えました。つまり、これまでの研究や実践から導き出された評価の実証的証拠や理論的根拠、波及効果などによって、その評価が妥当性を有するのかを総合的に判断するのです。

　ただし、これら6つの側面すべての証拠を集める必要はなく、その評価の目的や重要度などに応じて、検討する側面は異なってきます。例えば、日々の探究学習において、その取組に対する意欲を評価する場合には、内容的側面と結果的側面に留意する程度で十分かもしれません。他方で、説明責任・選抜・資格認定を志向する探究学習の評価の場合には、内容的側面と結果的側面だけではなく、本質的側面や一般化可能性の側面なども十分に考慮する必要があるでしょう。

　また、Messick（1995）による妥当性の考え方に基づくと、「妥当性のある評価」というように、妥当性を「ある vs ない」の2値的に捉えることには問題があります。妥当性は内容的側面や本質的側面など様々な側面の証拠を集めることで検討されるものであり、その証拠を探究していくことは、永続的な作業となります（村山 2012）。つまり、妥当性のある探究学習の評価というものは

表Ⅱ‐4‐2　妥当性に関する様々な側面の証拠

側面	証拠
内容的側面	その評価は測定したいことに対応しているか、代表的なものであるか。
本質的側面	その評価への反応プロセスは理論的根拠を有するものか。
構造的側面	その評価は理論や仮説に適合するか。
一般化可能性の側面	測定結果は他の時期や集団、状況などにおいても一貫しているか。
外的側面	その評価は他の基準と想定された関連がどの程度認められたか。
結果的側面	その評価を使用することは適切か、社会的に望ましいものをもたらすか（波及効果）。

出典）Messick（1995）、清水・山本（2021）をもとに作成。

なく、様々な側面の証拠をもって、探究学習の妥当性を永続的に探究すること
が求められるのです。

文献

東洋（1979）『子どもの能力と教育評価』東京大学出版会。

鹿毛雅治（1996）『内発的動機づけと教育評価』風間書房。

鹿毛雅治（2013）『学習意欲の理論——動機づけの教育心理学』金子書房。

国立教育政策研究所（2021）『「指導と評価の一体化」のための学習評価に関する参考資料　高等学校　総合的な探究の時間』。

清水優菜・山本光（2021）『研究に役立つ JASP による多変量解析——因子分析から構造方程式モデリングまで』コロナ社。

西岡加名恵（2020）『高等学校　教科と探究の新しい学習評価——観点別評価とパフォーマンス評価実践事例集』学事出版。

西岡加名恵・石井英真・田中耕治（2020）『新しい教育評価入門——人を育てる評価のために［増補版］』有斐閣コンパクト。

ブルーム、B. S.、ヘイティング、J. T.、マドウス、G. F.（1973）『教育評価法ハンドブック——教科学習の形成的評価と総括的評価』梶田叡一・渋谷憲一・藤田恵璽訳、第一法規。

村山航（2003）「テスト形式が学習方略に与える影響」『教育心理学研究』51（1）、1-12。

村山航（2012）「妥当性——概念の歴史的変遷と心理測定学的観点からの考察」『教育心理学年報』51、118-130。

文部科学省（2018）『高等学校学習指導要領解説総合的な探究の時間編』。

Cronbach, L. J., & Snow, R. E. (1977) *Aptitudes and Instructional Methods : A Handbook for Research on Interactions*, Irvington.

Messick, S. (1995) "Validity of psychological assessment," *American Psychologist*, 50, 741-749.

Wiliam, D. (2018) *Embedding Formative Assessment* (2nd edition), Solution Tree Press.

（清 水 優 菜）

第5章

生徒に「伴走」するって
どういうこと？
──地域ともつながる探究学習に向けて──

第1節 「伴走」の難しさ

1 どのように伴走するのか

　いきなりですが、読者の皆さんに質問です。学校においては生徒の興味・関心を優先して授業を構成すべきなのでしょうか？ それとも、教員として伝えたいことや伝えねばならないことを授業の中心に据えるのが望ましいのでしょうか？

　聡明な読者の方であれば、「どちらの考え方も正しく、授業の目的や単元の特性にあわせて決めるべきだ」とお答えになるでしょう。筆者としてもそのとおりだと考えます。しかしそれは、両者のバランスをどうとるかという問題に、一律の解が存在しないことを意味します。とりわけ「総合的な探究の時間」においては、生徒の興味・関心をどこまで尊重すべきなのか、そもそも興味・関心が明確でない生徒にどこまで介入すべきなのか、担当する教員が頭を悩ませることになるでしょう。生徒が主体となる「学習者中心アプローチ」と教員が主体となる「教育者中心アプローチ」を探究学習のステップごとにバランスよく組み合わせることが理想ではあるのですが (佐藤編 2021)、そう簡単ではないはずです。

　探究学習のプロセスで教員が果たす役割を「伴走」という言葉で表現する際にも、同じような課題に直面します。「伴に走る」と聞くと教員と生徒がペースを合わせながら探究学習を進めるというイメージがわきますが、残念ながら両者のペースが合うとは限りません。探究学習に対してモチベーションが持てないままでいる子に教員がペースを合わせていると、少しインターネットで調

べればすぐに答えが出るような平板な問いを設定するだけで一年が終わってしまうことも考えられます。他方で、教員の側が問いや計画の設定を先導した結果、生徒の興味・関心が反映されず、学習指導要領で強調される「自己の在り方生き方」を考える機会が失われてしまう可能性もあるでしょう。「伴走」という言葉はとても便利なのですが、どのように伴走するのかという疑問が浮かびます。

2　どこまで伴走するのか

　では、生徒の側が主体性を持って探究学習に臨んでくれれば、教員としては伴走しやすくなるのでしょうか。確かに「そもそも自分が探究したいテーマがわからない」という生徒と違って、教員が活動をリードする必要がないという点では、「伴に走る」ための見通しは立てやすくなるかもしれません。ただ、「学習者中心アプローチ」を突き詰めれば、生徒自らの興味・関心に基づいて立てた問いに、各人が計画した調査・実験を通じてアプローチすることになります。問いの中身も調査・実験の手法も、担当する教員の専門に合致するとは限りません。自らが専門にする分野と全く異なる内容を深掘りする生徒が出てきた時、「教員としてどこまで伴走すればよいのか」という戸惑いが生じたとしても不思議はないでしょう。

　そして、こうした戸惑いが生じる代表的な場面として考えられるのが地域参画型の探究活動です。学習指導要領にも明記されているように、総合的な探究の時間では「地域や社会との関わりを重視すること」が求められていて、「自分の取組が地域を動かした」、「これからも地域づくりに参画し、さらによい地域にしていきたい」（同『解説』29頁）といった自信や責任感がうまれることを期待しています。ただ、高校生が「自分の取組が地域を動かした」と実感できるだけの活動を探究の時間だけで全てやりきることは、至難の業だといわざるを得ません。授業として設定されている時間以外にも、地域で行われている活動に足を運んだり、地域の人々に話を聞きに行ったりすることが不可欠でしょう。おそらく教員の多くが積極的に学校の「外」へ足を運ぶ生徒をできるだけバックアップしたいと考える反面、「外」に出る機会が増えれば増えるほど心

配の種も増えることになります。生徒の主体性を尊重することの意義は認識しつつも、伴走者としてどこまで学校の「外」で行われる活動に目を向ければよいのか、教員が迷いを抱えるのも頷けます。

3　進路指導をヒントにする

　このように、生徒の探究学習に「伴走」するというのは、教員にとって葛藤の連続です。生徒一人ひとりの特性や探究する分野やその中身によっても、おそらく「伴走」の手法は異なってきます。「〇〇に気をつければ、伴走がうまくいく」といった明快な how-to があるとは到底思えません。ただ、高校の教員であれば誰しもが一度は経験する「進路指導」をヒントにすることで、探究学習における「伴走」のイメージを持ちやすくなるのではないかと考えています。

　高校の進路指導の場合、大学に進学するのか、専門学校に進学するのか、あるいは就職を希望するのか、中学に比べて選択の幅が大きく広がります。文理融合型の学問分野が近年多く登場していることから、大学への進学希望者が多い高校だとしても、従来どおりに文系／理系の選択をさせればそれで終わりとはならないはずです。大学卒業後のキャリアを見据えながら、志望する学部・学科等を決めようとする生徒も少なからず存在するでしょう。他方、学問分野ごとの特性やその後のキャリア、職種による業務や待遇の違いについて、教員があらゆる情報に精通しているとは限りません。もちろん経験を積み重ねることで必要な情報は少しずつ蓄積されるわけですが、それでも生徒一人ひとりの将来展望やそのなかで生じる悩みや不安に全て応えることは困難です。

　よって、「進路指導」と言っても教員が一方的に「指導」する場面ばかりではないと考えられます。むしろ、「なぜ〇〇を志望するのか？」と問いかけながら生徒の「△△をしたいから□□に入りたい」という想いを引き出していく、すなわち、教員が知らないことやわからないことについては生徒自身に調べてもらいながら一緒に進路を考えていくプロセスこそ「進路指導」だといえるのかもしれません。そして、こうした生徒とのやりとりは探究学習にも援用することが可能です。生徒に対して「なぜ〇〇に興味があるのか？」と問いかけな

がら、「△△に疑問が湧くから□□について探究を行いたい」という内容を明確にしていくことが、探究学習における「伴走」です。「探究学習で扱うテーマが思い浮かばない」という生徒に対しても（例えば進路と結びつけるなどしながら）繰り返し問いを投げかけ、その子の興味・関心をブラッシュアップしていくことが、教員に求められる役割だと言えるでしょう。ICT の整備に伴って生徒とオンライン上でコミュニケーションをとることが可能になっている学校では、授業外の時間を使いながら問いを投げかけることもできます。

　ただ、「どこまで伴走するのか」という点に関して、１つ注意すべき点はあります。社会課題や地域課題をテーマとする探究活動において、生徒からよく「アンケートをとりたい」という声が上がります。オンラインで簡単にアンケートを作成・集計できることもあって、以前に比べ実施のハードルが下がっていることも一因でしょう。しかし、質問の順番や選択肢の構成など、意味のあるアンケートを作成するのにはきちんとした準備と知識が必要です。問題意識が不明瞭なまま中途半端にアンケートを実施しても、平板な結果が得られるだけで終わってしまいます。また、扱うテーマによっては個人情報保護の観点からアンケートの内容を慎重に検討しなければならない場合もあります。アンケートが一律に認められないというわけではありませんが、安易に実施することは控えるのをお勧めします。むしろ第２節で述べるように、そのテーマについてよく知る人にインタビューを行い、個々の問題意識をブラッシュアップする方が、探究活動として意味のあるものになる可能性が高いといえます。

第２節　「伴走」による学習の深まり

1　社会認識をアップデートする

　さて、生徒の興味・関心を深掘りするうえで教員とのやりとりが重要なことは確かですが、他にも有効なツールがあります。図書館を活用して文献（先行研究）を調べるといった基本的な手法と並んで紹介したいのが、地域とのつながりを活用するというものです。普段の学校生活では出会わないような人と直接コミュニケーションをとることで、生徒にとって身近な地域課題を認識した

り、従来とは異なるアイディアを獲得したりすることが可能になります。筆者（能勢）がお手伝いした京都府立峰山高等学校の探究活動の中から、特徴的な事例をご紹介しましょう。

【エピソード1】

　高校が所在する京丹後市の人口減少に歯止めをかける方法を模索しようと、「どうすれば人を呼び込めるのか」について考えようとしたグループがあります。探究のヒントを得ようと、市の将来像（20年後の市のすがた）を考えるためのワークショップに参加をしました。そのワークショップは30代までの市民が参加するもので、人口を増やすことだけを目的としない議論が展開されていきます。こうした議論を目の当たりにしたことで、① 日本全体で人口の減少が進むなか、近隣の自治体と移住者を奪い合うようなことをしても問題の根本的な解決にはつながらない、② むしろこの街で生活をする住民の「幸福度」が高いことこそ重要で、それが市としての豊かさを意味するのではないか、という考え方を持つようになっていきました。

　こうして「幸福度」に焦点を当てることを決めたグループのメンバーは、京丹後市で生活することで得られる「幸せ」を、住民へのインタビューから探ることにしました。注目したのは、京丹後市で生活することを選んだUターンやIターンの人々です。筆者（能勢）がコーディネートを行い、京丹後市のどこに魅力を感じたのか、京丹後市に住み続ける理由は何か、5人の住民に尋ねることにしました。そしてこのインタビューは、3名の高校生が探究を「自分事」とする契機になるのです。

　当初このグループのメンバーは、高校卒業後に京丹後市を離れれば、もう二度と戻ってくることはないだろうと考えていたそうです。また、商業施設や娯楽施設の少なさも影響してか、京丹後市の魅力についてイメージが持てずにいました。しかし、UターンやIターンを経験した5人のエピソードというのは、自分の手でなんでも作り出せる可能性が京丹後市には

溢れていることや、新たなチャレンジを応援してくれる人々の存在を感じ
させるものでした。そして、地域における人と人とのつながりが「幸福
度」を高めるうえで重要だと考えるに至ります。他方、（自分たちが当初そ
うであったように）ほとんどの高校生は地元の「良さ」にあまり気づいてい
ない可能性があるとして、その実態や背景を把握するためのアンケート調
査を行うことになりました。

　このグループはアンケート調査の実施にあたって京丹後市の実情をよく知る
大学教員にもアドバイスを受けるなど、まさに主体的に探究活動に取り組んで
いきます。人口減少という問題に対して単に「移住」という解決策を提起する
のではなく「幸福度」という視点を持ったこと、これまで認識してこなかった
地元の魅力に気づけたことなど、社会認識をアップデートする姿が表れている
といえるでしょう。

2　自己の在り方生き方を見つめる

　地域とのつながりを活用しながら探究活動を進めることは、生徒が自己の在
り方生き方を見つめるうえでも有効です。これについても、峰山高校で行われ
た取組を1つご紹介します。

【エピソード2】

　将来の進路として助産師を考える生徒のグループが関心を寄せたのは
「出生前診断」というテーマです。生命倫理とも関係する内容にどうアプ
ローチすべきかに頭を悩ませるなか、グループのメンバーが足を運んだの
は障害のある子どもの療育や保護者を対象とした相談支援を行う施設でし
た。障害のある子どもを育てる保護者とどのように向き合っているのかに
ついて、この施設の職員さんにインタビューをさせていただくのが主たる
目的です。インタビューでは、子ども一人ひとり発達の特性やペースが異

なるからこそまずは保護者から発せられる言葉に丁寧に耳を傾けることが大事で、それが個々の不安に寄り添いながら信頼関係を築くことにつながると、職員さんが語ってくれました。また、障害の有無にかかわらず全ての人が共に暮らせる社会をつくるために、施設の存在をより広く知ってもらうことが必要であるという点も強調されていました。

　「出生前診断」をテーマとする以上は、やはり「障害」について真正面から考えねばなりません。よって、このインタビューは探究活動を進めるうえで不可欠なものだったと言えます。ただ、助産師をめざす高校生がこのインタビューを行ったことの意義は、「総合的な探究の時間」の枠にとどまるものではないでしょう。実際に、療育や相談支援を担う施設の存在を知れたのはもちろん、保護者の不安に寄り添うことの重要性を感じられたことから、生徒たちは「お話を伺えて本当に良かった」という感想を述べていました。子どもの命とその保護者の支援を担うことに対する具体的なイメージを、「助産師」という仕事とはまた違った角度から描く一助になったと考えられます。

3　地域とつながるために

　さて、地域とのつながりを活用しながら生徒の興味・関心を深掘りする際に、教員と異なる立場から伴走するのが「コーディネーター」です。筆者（能勢）は、峰山高校が所在する京丹後市の「地域おこし協力隊」として、2020年3月から総合的な探究の時間の企画・運営に携わってきました。生徒の興味・関心にあわせて地域で活動する住民を紹介するなど、いわば高校と地域をつなぐ立場にあるといえます。例えば【エピソード1】では、京丹後市で生活することで得られる「幸せ」について調査するために5人の住民にインタビューを行っていますが、この5人は筆者（能勢）が作成したリストの中から高校生自身が選んだ方々です。リストには、地域の様々な分野でキーパーソンとして活躍する30名ほどの住民を、簡単なプロフィールとともに載せていました。

　コーディネーターが果たす役割として重要になるのが、学校としての取組や個々の生徒の考えを「翻訳」することです。一例として、探究活動のなかで地域の住民にゲスト・スピーカー（講演）を依頼する時のことを考えてみましょう。本来であれば、当日のスケジュールや講演の内容はもちろんのこと、その方に依頼を出した経緯・理由や探究活動全体のなかでの位置付けについて、あらかじめ説明を行っておくことが望ましいといえます。なぜならば、「なぜ自分がゲスト・スピーカーとして呼ばれたのか」、「どういう話をすることが期待されているのか」といった点がわからなければ、依頼を受けた側としても不安が募るからです。しかし、教員が多忙な業務の合間をぬって打ち合わせの時間を設けるのにはどうしても限界があります。そこで、探究活動の目的や意図について「翻訳」を行い、講演の内容についてゲスト・スピーカーとの調整を図ることが、コーディネーターには求められます。また、日頃から地域のキーパーソンとのネットワークを築いているコーディネーターであれば、探究の中身に沿ったゲスト・スピーカーを紹介することも可能となるでしょう。学校と地域の間にミス・コミュニケーションが起こらないようその環境を整えることが、コーディネーターの役割といえます。

　他方、生徒が地域の住民に対してインタビューをするという【エピソード１】や【エピソード２】のような場合にも、時として「翻訳」が必要です。まず、自らの問題意識を正確に伝えるというのは誰であっても難しいことで、高校生がすんなりとまとめられるものではありません。特に探究活動が「自分事」になる前というのは、質問したいポイントが明確にはなっていないケースが見られます。各自の問題意識や質問項目を整理していくプロセスそのものが探究活動における伴走であり、これはインタビューを実りあるものとするためにも不可欠な作業です。特に、インタビューの中で生徒の聞きたいポイントがうまく伝わっておらず、かつそれが探究を進めるうえで鍵となる箇所である場合は、（基本的にはあまり口を挟むべきではないのですが）質問の意図を「翻訳」することがあります。また逆に、インタビューを引き受けてくださった方々の熱のこもったメッセージを、生徒に伝わるよう「翻訳」することも時として重要です。生徒と地域のコミュニケーションが円滑に進むよう、コーディネーターが

その間に立つことを重視すべきといえるでしょう。

　ただし、コーディネーターの配置については、必ずしも全ての高校に広がっているものではありません。今後、コーディネーターを安定して雇用するための枠組みの構築とあわせて、その配置を促進していくことが求められます。

第3節　残された課題

　本章では、生徒に伴走することの難しさを踏まえたうえで、その具体的な方法について進路指導をヒントにしながら考えてきました。そのうえで、地域とつながる探究学習が生徒の興味・関心を深掘りする契機となりうることを示し、学校としての取組や個々の生徒の考えを「翻訳」しながら伴走することが重要であると指摘しました。

　ただ、こうした取組を継続するうえでいくつかの課題があることも確かです。とりわけ、生徒一人ひとりの興味・関心に伴走し続けようとすると教員の手が足りなくなるという点は、多くの学校で共通する課題になると考えられます。峰山高校では地域とつながる探究学習を実現するためのコーディネーターが配置されていますが、生徒に伴走しようとすればするほど、その業務量は際限なく広がることになります。他方、コーディネーターが配置されていない学校においては、教員集団が地域とのつながりをアレンジする必要が生じます。総合的な探究の時間を担当する教員が地域との間で「翻訳家」としての役割を果たさねばならないのは当然ですが、生徒への伴走には学級担任等の力も欠かせないはずです。教員の業務量を縮減することが求められるなかにあって、探究活動がその障壁となってしまっては、持続可能な取組とはならないでしょう。

　こうした課題を解決するために、今後は、生徒たちが互いに伴走しあえるような仕組みづくりを検討すべきかもしれません。理想論のように聞こえるかもしれませんが、例えば、上級生が進めるプロジェクトに下級生も参加できるような機会を設けたり、上級生から下級生に特定のプロジェクトを引き継いだりすることが考えられます。あるいは、下級生が取り組む探究活動に上級生がメンターとしてかかわるという方法もありうるかもしれません。生徒に「探究」

を求める以上、教員の側も新しい指導のスタイルを「探究」していくことが必要だと言えるでしょう。

付記

京都府立峰山高等学校の関係者の皆様をはじめ、本調査研究にご協力をくださった全ての方々に深く感謝申し上げます。本稿は、石田や能勢が語ったエピソード等をベースに、武井が文章化を行うことで作成されました。武井は、本書の編者の一人である柏木の紹介を受けて、2022年度に行われた峰山高校の「いさなご探究」（総合的な探究の時間）の参与観察を行いました。石田は「いさなご探究」を企画・運営する分掌である「探究企画部」に所属していましたが、2022年度末をもって峰山高校から異動となっています。本文でも言及したとおり、能勢は高校と地域をつなぐコーディネーターとして「いさなご探究」にかかわっています。なお、本稿には JSPS 科研費 18K13074 および 21H00820 の助成を受けた研究の成果が含まれます。

文献
佐藤浩章編著（2021）『高校教員のための探究学習入門——問いから始める7つのステップ』ナカニシヤ出版、pp. 89-115。

（武井哲郎・石田憲彰・能勢ゆき）

第6章

教員間の意識のズレ（温度差）を
どう解消したらよいのか？
――探究学習を支える教員組織――

第1節　教員間のもやもや

　本章では、探究学習に関する教員の意識を踏まえて、教員間の意識のズレ（温度差）にどのように向き合っていくことができるのかを考えていきます。

　探究学習が、学校教育の現場に導入されてからの日はまだ浅く、現場では、様々な試行錯誤が行われています。

　探究学習は、学習の狙いや指導方法などが、特定テーマに関する一定水準の理解到達を志向する、これまでの一般的な教科・科目とは異なるものです。

　換言すれば、探究学習の導入は、既存の教科・科目の学習・指導と異なる、新たな学習・指導のロジック（本章では、自らの行為や志向を方向付ける、または、基礎づけるものを、「ロジック」と呼ぶことにする）を、個々の教員の意識や、教員組織に迫るものといえます。

　探究学習を教えることになった教員にとって、探究学習のロジックは、これまでの教科・科目のロジックとの間で、悩みとなり、葛藤やジレンマを生みかねないものです。

　また、教員組織においても、これまで共有されてきたロジックとの間で、矛盾や軋轢をはらむものである。それは、時として、教員間の意識のズレや温度差にもたらすものであると考えられます。

　他方で、探究学習は、教員が正規に行う教科・科目として制度づけられ、教育現場においては、実践が行われています。

　探究学習を教えることになった個々の教員や教員組織にとって、探究学習という新たなロジックが、いかなるプロセスや変化を経て、受容され、あるいは、

変容し、再構成されているのでしょうか。また、どのように、その実践が形成されているのでしょうか。

　本章では、こうした点を明らかにすることを目的として、教員のインタビュー調査から、みていくことにします。

第2節　教員間のもやもやについてのインタビュー概要

　本章で用いるデータは、A県B市の公立高校であるX高校及びY高校で探究学習に携わっている教員へのインタビュー調査から得られたものです。

　インタビュー調査は、探究学習に関する研究プロジェクトの一環として行われました。調査の目的は、探究学習を行う上での教員の悩みや葛藤、探究学習導入が教員間の協働にどのような影響や変化をもたらしているのかということなどを明らかにすることにあります。

　インタビューは、2021年9月～2022年12月に、1人につき、1回、所用は1時間程度で行いました。インタビュー前に、調査の目的、データの取り扱い（個人や学校が特定されないように匿名化した上で、学会発表や書籍での発表等、学術目的で使用すること等）、参加者の権利（あくまで任意の調査協力依頼であること、答えたくない質問には答えなくてよいことなど、発言によっていかなる不利益も生じることがないこと等）を伝え、同意を得られた場合にインタビューを実施しました。

　インタビューは事前に、上述の調査目的に関する質問項目を用意した半構造型の形式で進められたが、対象者の状況や話の流れなどから、質問の順番が前後したり、場合によっては一部の項目を省略したりしました。

　以下に、インタビュー対象者リストを記載します（表Ⅱ-6-1）。

表Ⅱ-6-1

番号	インタビュー対象者	所属高校	日時
1	A先生	X高校	2021年9月15日
2	B先生	Y高校	2021年12月15日
3	C先生	X高校	2022年7月26日
4	D先生	X高校	2022年12月27日

第3節　教員間のもやもやの実態と、背後にあるロジック

1　探究学習に関する教員の意識

　まず、探究学習を教えることに関する教員の意識を確認します。

　この点、多くの教員から語られていたのが、探究学習以外の他の教科・科目を教える場合とは異なる、独特の難しさでした。別言すれば、探究学習の固有の特質が、教員に、これまであまり直面したことのない戸惑いや悩ましさをもたらしている、ということだった。以下、具体的な語りを引用しつつ、考察していきます。

　まず、A先生とD先生は、探究学習を始めた時に感じたことを以下のように振り返りました。

A先生：「教員が何やっていいのかわかんなかったのと同じで、多分生徒も、やる気がないっていうのもあるかもしれないですけど、本当、何がいいのかわからない。やっぱり教科だと、この問題が解けなきゃいけないっていう、そのゴールがすごいペースにあるけど、探究はそこが違うのかなって。」

D先生：「教員としては、今までやったことないものなので、やはり教科書がない、ゴールがない、それを生徒と共に歩んでかなきゃいけない。自分が、じゃあ何をしたらいいのかっていうところで、道しるべがないように感じる。それに対する抵抗感っていうのはあるかなっていうところですね。」

　「生徒のほうなんですけれども、自分が察するに、生徒たちもゴールが見えない中でやる、今までの学習っていうのはゴールがあって、先生がそれに向けて授業をしてくれて、生徒としてもゴールに向けて勉強していくっていう、そういう道が見えていた。それが、探究学習ってなると、ないから不安でしょうがないし、感じるのは、やり直しっていうのを、すごい嫌うんですよね、生徒たち。積み上げてって間違ってたなと

思ったら、最初からやり直しみたいな。研究って常にそういうのは、もうしょっちゅう起こってると思うんですけど、一度、積み上げてったものを砕くっていうのは、かなり生徒からしてみると、嫌なこと、生徒の負担感というか、不満がたまるとこ。そんな印象受けてます。」

　「1年間の教育活動とかってやって、単位認定とかやって、積み上げなんですよね。生徒もその中でやっていて、それがこうガシャーンってなっちゃうっていうのは、教員の方も確かに探究の時間以外のところではない取組ですね。」

　A先生とD先生は、めざすべきゴールが明確で、また、そこに至るまでに何をすればいいのか、道しるべや見通しがある他の教科・科目の学習とは、探究学習は異なると指摘する。ゴールや道しるべがないことは、学習を進める上で不安を伴うものです。

　また、探究学習では、例えば、問いを立てる（リサーチクエスチョンを設定する）、仮説を構築する、調査を行うといったプロセスを進んでいくなかで、当初の想定とは異なる事態に直面することが少なくありません。そうしたとき、過去のプロセスに今一度立ち返ることになるが、D先生が述べるように、ゴールに向かって積み上げる学習に慣れてきた生徒にとって、「やり直し」ともいえるそうした営みは、「嫌なこと」、「負担感というか、不満がたまる」と受け止められてしまいがちです。

　他方で、教員にとっても、「何がいいのかわからない」（A先生）、道しるべがないことに対する「抵抗感」（D先生）があるなか、教員として、どのように生徒を指導すればよいのかという不安や困惑ぶりが語られていました。

　他方で、探究学習に一定の手応えや自信を感じているというB先生は、探究学習について次のように語りました。

B先生：「1年間の最後に、学年で発表する。その発表のとこでも最悪そこに間に合わなかったら間に合わないままでもいいんじゃないの、って話をして、何で間に合わなかったのかっていうのを、もう子どもたちが学べば、それは学びですよね、そういうことがこの科目の目標なんじゃな

いですかってことを、あるベテランの先生に言ったら、ちょっとその先生は安心してくれたみたいで。皆さんすごい本当に真面目なので、ゴールまでに完璧な形で作らなきゃいけないと思ってるみたいなんですけど、それできなかったらどうすんだみたいな話になって。でも、できなかったら、できなかったじゃないですか、それ学びですよねっていうことをお話させてもらったら、すごいなんか安心してくれたみたいで。つまりその最終的なゴールのところで、そこそこで、完璧なものでもなくてもいいよねってとこであると、多少イレギュラーなことがあっても、うまくやってきましたね。」

　B先生は、学年末の生徒による発表を一つのゴールと位置付けつつも、そこに間に合わなくとも、なぜ間に合わなかったのかということを学ぶこと自体が、探究学習の学びと捉えていることがわかります。また、B先生のこうした探究学習の学び観が、ゴールまでに完璧な形を作らなければならない、と思う周りの教員の意識を変容させ、安心を与えたようだと振り返りました。学習目標として明確なゴールに到達することを学びの至上とし、そこに至るまで生徒を指導することを教員の役割と考えるロジックとは、異なるロジックが作用していることがうかがえます。

　また、B先生は、探究学習における、あるべき教員のスタンスを、自分の経験を踏まえつつ、次のように語りました。

B先生：「我々のスタンスとしては、もちろん（生徒たちの探究学習が）完成すればいいんですけど、完成しなくてもいいんだよっていうふうに、少し楽にしてあげるというか、その中で、何で？っていうところで学べることが大事なのかなというところで、先生たちには本当に伴走者として寄り添って見てもらってるような感じですかね。」

　　　　「先生も、良い意味でも悪い意味で真面目だし、個々の生徒もやっぱ真面目なので、今までのやり方からなかなか飛び出していけないというか。もうちょっとクリエイティブだったり、何とか奇抜だったりみたいなアプローチ、アイデアを持ってほしいなと思うんだけど、やっぱみん

な教科書どおり、先生も教科書しか教えない、教科書から出て行けな
いっていうところで、もうちょっと何ていうのかな、生徒たちの自由な
好奇心をくすぐるっていういうっていうのをやってほしいなと。」

　「僕の場合は、やっぱり対話しながら、僕にとっては普通なんだけど
生徒からしてみたら、そこは無理だよ、みたいなことをポロッといった
りとかしますね、投げかける。こうやってみたらいいんじゃないのとか、
彼らからしたら絶対できないみたいなことをポロッていいながら、何か
刺激するってことはしてますね。先生たちも、何だろう、やっぱり、ど
うしても評価したくなってしまうし、理想的な答えみたいなものを持っ
てたりしたがるけど、もうそもそも答えはないわけだから、そういうマ
インドセットで生徒に接してくれるといいのかなあっていう気はしま
す。」

　また、C先生も、探究学習の意義や、探究学習での教員の役割や意識の変
化を次のように語りました。

C先生：「ここ数年、取りあえずやらなきゃいけないもんなんだっていう形
　　で、ある程度、認識をしていただいて協力してもらえるようになってき
　　たなとは思っています。新学期のところで、こういう形で今は課題を見
　　つけて解決するっていう、やっぱりプロセスを学ぶことというのは非常
　　に大事なので、それを絶対にやって、皆さんには難しい部分もあるけど、
　　生徒に伴走して、教える指導っていうのではなくて、伴走する形で構わ
　　ないので、一緒にわからないことはわからないで考えて進めていただき
　　たいというお話を、新学期の最初の会議のところでさせていただいて、
　　だいぶ、協力してやるもんなんだよっていうような雰囲気にはなってき
　　たかな、というふうには思っています。」

　D先生も、先述のように従来の指導方法との間で戸惑いを覚えつつ、以下
のように、探究学習では作法を学ぶこと自体が重要だと感じるようになったと
語りました。

D先生：「どうしても成果を私たちは求め、形になってほしいなって思って
しまうんですよね。成果を期待しちゃう。その期待に、まだ生徒を導け
てないっていうのが1つあるのかな。さらには指導が十分できてないっ
ていう、教員として、もっと生徒に指導してあげなきゃいけないんだろ
うなっていうのは感じてんだと思うんですね、後ろ向きな発言をする先
生だったとしても。でも、それができてない、できない、自分の守備範
囲以上のことをやらなきゃいけないから、それが難しいっていうふうに
気がするんです。生徒が上げてくる問いが、いくら分野をやったとして
も、自分の高校教師の専門分野っていうような枠組みの中には入らない
わけですよね。といったときに、この生徒、私が担当なのっていう、そ
ういう疑問も絶対あると思うんです。その辺りがネックかなっていう気
がしてます。」

　「じゃあ、その探究っていったときに、作法を学ぶっていうのも、一
つの重要なテーマなんじゃないかなって。成果をもちろん求めたいんだ
けど、でも、探究していくときの作法なんていうのがあるよと。それを
しっかりと踏んでいくっていうのは大切だよと。」

　ここまでみてきたように、探究学習の導入は、「指導ロジック」に基づいて
きた多くの教員にとって、何をすればいいのか、どのように教えればいいのか、
見通しが持てない、といった悩みや戸惑いを生んでいました。一方、試行錯誤
のなか、教科・科目の学習すべき内容を教える・指導するという「指導ロジッ
ク」から、教員が生徒に寄り添い、一緒に悩み、考え、伴走するという「伴走
ロジック」への転換が生じ、戸惑いや悩みが少しずつ解消していました。

　探究学習における教員としての自己の役割を、生徒と一緒に悩みつつ、学習
のプロセスを立ち合い、見守ること自体に価値や意義があると考える「伴走ロ
ジック」に依拠して捉えることで、主体的に生徒に関わるようになっていたと
いえます。

2　教員間の意識のズレ（温度差）をどう解消したらよいのか

　ここまで、教員個人の探究学習に関する意識をみてきました。続いて、それでは、教員組織としてみたときに、探究学習への意識のズレはいかなるものであり、また、どのようにそうしたものと向かい合ってきたのでしょうか。

　この点、まず、A 先生は、探究学習を始めた当初、反対だった教員は、何をすればいいのかわからなかったのではないか、と指摘しつつ、その後の変化を次のように振り返っていました。

　A 先生：「やっぱり反対って思う先生は、ちょっと何をやっていいのか、わからなかったんじゃないかなって、今振り返ってみると思ってて。実際に探究学習の教室に行こうとしない先生もいたんですけど、それも声かけなどで、実際に関わってもらうなかで、こういうことをやればいいんだ、っていうのがわかって始めてから、やや反対派が減ったというか。探究学習をやって当たり前だよね、っていうふうになったのかなと思うので。本当先生たちも忙しい中で、いつ探究をやるのかって大変なんですけど、やっぱりこういうことやってるんですっていう教員への説明で、ちょっと温度差がなくなってきた気がするので、何をやるべきなのかわからなかった、知らなかったのかなっていうところですかね、温度差っていう部分では。それが、ある程度行われて、こういう感じだねってなんとなく共通理解ができ始めた後っていうのは、この温度差というのとはまた意味合いが違うと思うんです。先生方の間でのやり方とか、あるいは、探究ってこういうものだってなんとなく共通理解ができたからこそ、先生ごとの考え方の違いとか、そういうものもあったのかなと。」

　A 先生によれば、当初は探究学習の教室に行こうとしない先生もいたが、声かけなどによって、まずは実際に関わってもらうなかで、探究学習で何をやるべきなのかということについて共通理解が醸成されていき、教員間で温度差がなくなっていったといいます。

　A さんは、その変化のプロセスにおいて、「声かけ」の重要性を述べているが、周りの教員や外部からの働きかけが作用したという指摘は他の先生の語り

においてもみられました。

　例えば、C先生は、探究学習で何をすればいいのかわからない、探究学習上に必要となるパソコンの使い方に不慣れな、「年配の先生方」に、「説明の文書も結構、丁寧に作ったつもりなんですけど、見ても全くわからないとおっしゃるので、もしよかったら一緒にやりませんかみたいな形で、チャットグループを一緒につくって、ここ、こうやって、こうやるんですけど、いけそうですかみたいなかたちで、なるべくやり方をお伝えするっていうかたち、特に初めて今年いらした先生に関しては、やっぱり学年の職員とか、わかってる人と組み合わせて共有してもらうっていうのを声掛けしていますね」と、個別に気にかけたり、サポートしたりと、声かけを行ったと述べました。

　さらに、C先生は、探究学習で、活躍できる生徒がいること、探究活動が自信になるような生徒がいる、と生徒の教育にとって意味があり、大切であることを自ら説いたといいます。

C先生：「部活とか委員会とか授業とか以外でも、実際に、探究学習で活躍できる子が今いるんですよね。だから探究学習で、一つの自分の自信になるような活動の記録として残せる子がいるので、そういう子も拾ってあげることができれば、全員が全員、楽しくてもう、すごいいいことやったって思えなくても、そもそも他の授業だって、これ嫌いとかこれ好きっていうのがいるんだから、探究の役割っていうのは、そういうところでも自分を出せるというか、そういうところで自分を生かせる子がほんの少数でもいればいいんじゃないかっていうお話をさせていただいたことがありますね。」

　また、D先生は、旗振り役の先生の熱量によって、探究学習の担当になった教員は大変だなと感じている教員たちが協力してくれると語りました。

D先生：「最後は協力してくれるんですよ。担当者が熱量を持ってメッセージを発信していけば。そうですね。今、話しながら思うのは、ここの熱量、担当者の熱量って大きいかなって。何でもそうですけど、人を動か

すときの部分だと思うんですけど、だから、担当になった人って大変だなっていう認識はしてくれてるんで、皆さん。それに甘えてますっていうふうに思ってくれてる先生もいらっしゃる職場ではあるんで、そういう意味では、熱量を込めていえば（動いてくれる）。」

　協働が求められる教員組織において、他の教員の探究学習への取組や、「声かけ」などの仲間としての働きかけや熱意に動かされて、多少の意識の差異はあっても教員組織としての一体性を重んじるロジックを、「協働ロジック」とよぶことにします。ここまでみてきたように、教員組織としての意識のズレを軽減し、教員一体となって探究学習に取り組む上で、かかる「協働ロジック」が果たす役割は小さくないといえるでしょう。

　続いて、別のロジックの観点から検討していきたい。
　C先生は、管理職から探究学習への協力について周知してもらうことも、教員の意識の変化として大きかったと振り返った。

C先生：「（探究学習が）大っぴらに不要だと、声高にいう方がいなくなりました。自分の心持ちの中ではちょっと変わらない部分はあるのかもしれないですけれども、例えば会議の席だとかで、学習指導要領で、今、必要とされていることだっていう話をして、できれば管理職からもその話をしてくれっていうのをお願いをして、管理職にもそういう話をしてもらっていて。なので、今、探究を身に付ける、そういう活動も大事なんだっていうのを管理職からも言って、そういうものなんだっていうふうにいろんな場所で言ってもらうっていうのが、変化の原因としては大きかったのかなというふうに思います。」

　また、B先生は、探究学習に力を入れていることを看板の一つにしている学校だったこと、校長もそのことを説いていたことが、教員の意識に影響したのではないかと指摘しました。

B先生：「（探究学習に力を入れている学校だという）看板があって、そこに従っ

た教育していきましょうねっていうのは、誰もノーとはいえませんし、校長も、しっかりやっていきましょうと、これがこの学校の特色ですよって、ことあるたびにいってるので、それに対して、何ていうのかな、いや違うっていう人はいないんじゃないかなと思います。」

　校長など管理職が探究学習を推し進めることを説いたり、学校の公式な目標として探究学習が掲げられ、教員組織において探究学習が正統性を帯びる方向に働くロジックを、「正統性ロジック」とよぶことにします。かかるロジックは、校長を頂点とする階層的な教員組織において作用するものでしょう。

　さらに、別のロジックに基づくと思われる語りも確認されました。例えば、Ａ先生は、外部からの講師が、探究学習がこれからの教育で大切だと話したことが、探究学習に消極的だった教員の意識が変化する上でポイントになったと振り返りました。

　Ａ先生：「ポイントになったのはやはり、年に何回か、外から講師の方を呼んで、教員向けに探究活動についての講演、これからの教育でどんなことが大切かっていうお話を、まあ研修としてする中で、ほとんどの講師の先生がやっぱり探究活動が大切だと。そういうお話をしてくれと、こちらからお願いしているわけじゃないんですけど。そう言って頂いていたので、まあそういう影響もあるのではないかなあ。」

　こうした、学校外部の社会における探究学習の意義や有用性を説くロジックを、「社会ロジック」とよぶことにします。学校教育と社会との接続や関係が重視されているなか、かかるロジックも一定の強さを持つものと思われます。
　ここまでみてきたように、「協働ロジック」、「正統性ロジック」、「社会ロジック」といったロジックに基づく様々な働きかけが、探究学習に消極的だった教員たちを少しずつ、探究学習に向かわせていく土壌をつくっていったといえます。
　では、これらのロジックはひとまず教員組織の意識のズレを軽減する方向に

働き得るものだが、その結果として、さらに新たなズレが生まれることはないのでしょうか。

　この点、先述のように、A先生は探究学習が一定程度行われた後を振り返った際に、「先生方の間でのやり方とか、あるいは、探究ってこういうものだってなんとなく共通理解ができたからこそ、先生ごとの考え方の違いとか、そういうものもあったのかなと」と述べ、一定の共通理解ができたからこそ、先生ごとの考え方の違いがあったと指摘します。すなわち、何をすればいいのかわからないという、探究学習に取り組むこと自体への戸惑いや葛藤が軽減されたとしても、どのように探究学習はあるべきなのかという段階においては、教員間の意識の違いがあるといいます。

　では、そうした意識の違いがあるとして、果たして、それは解消すべきものなのでしょうか。

　この点、教員間で、様々な考えやズレがあってよいのではないか、という指摘がありました。例えば、C先生は、教員間の意識の齟齬や考え方の違いについて、次のように語りました。

C先生：「前向きな方向での齟齬っていうのも実際あります。多分、教科に起因するものも多いのかなと思うんですけども、いわゆる文理の違いで、理科の探究活動は比較的やりやすいんですよね。テーマがあって、実験とか観察とか、比較的、答えの出やすいものを実際にデータなども取りやすい。じゃあ、それをそこで新規性をどのように求めるかっていうと、かなり難しい問題になってくると思います。新規性がなければ意味を持たない、実際の研究のところではそういうふうに考えられる方もいますし。ただ、やっぱりまね事として知らないことについて調べて、まね事っていい方、悪いですね、でもプロセスとして、課題を見つけて、解決方法を考えて、実際、自分でやったデータからいえることを発表するっていう、そのプロセスを学べればいいっていうふうに考えられる方もいらっしゃいます。」

　「今のところ、私は判断が異なる人がいても良いと思っています。私

　は多分、結構、厳しいほうだと思うんですけれども、とにかく課題を自分なりに見つけて、それを解決する方法を考えて発表できれば、それはそれでいいって思う先生がいたら、それでいいのかなというふうに思ってます。調べ学習だけは駄目だよねっていうのは、共通して先生がたに意識として持っていただくようにはしています。自分で調べて、考えて、自分のオリジナルというか、そこだけ押さえておけば、あとはいいかな、というようなのが正直なところですね。」

　C先生は、文理による特性の違いを踏まえつつ、教員によって、探究学習について考え方が異なったとしても良いのではないか、すなわち多様な考え方があってもよいのではないかと語っていました。教員間のもやもやを解消するべきとだけ捉えるのではなく、もやもやの背後にある様々な考えを強みと捉えることもできることを示唆する、重要な指摘なのではないでしょうか。

▍第4節　教員間のもやもやを越えるために

　本章では、探究学習に関する教員の意識と、教員間の意識のズレ（温度差）にどのように向き合っていくことができるのか、教員のインタビュー調査からみてきました。

　探究学習の導入は、多くの教員にとって、何をすればいいのか、どのように教えればいいのか、見通しが持てない、といった悩みや戸惑いを生んでいました。また、これまでの指導のあり方との間で、葛藤やジレンマを引き起こしていた。

　さらに、そうした事態は、「指導ロジック」に基づく教員組織にとっても、意識のズレや温度差をもたらし、教員たちが足並みを揃えることや協働することの足かせとなっていました。

　他方、試行錯誤を繰り返すなかで、探究学習に関する教員の意識において、これまで支配的であった、教科・科目の学習すべき内容を教える・指導するという「指導ロジック」から、探究学習の現場では、教員が生徒に寄り添い、一

緒に悩み、考え、伴走するという「伴走ロジック」への転換が生まれ、徐々に広がっていきました。「伴走ロジック」に基づくことで、何をすればいいのか、戸惑いや悩みは徐々に氷解していきました。代わって、教員である自分たちも探究学習においては、生徒と一緒に悩みつつ、学習のプロセスを立ち合い、見守るといったことに自体に価値や意義があるという「伴走ロジック」に基づくことで、探究学習の現場における自己の役割を見出し、主体的に生徒に関わるようになっていました。

　また、「指導ロジック」から「伴走ロジック」へのロジックの変容・再構成が教員間にも徐々に浸透、共有されていくなかで、教員間の意識のズレや温度差が少しずつ軽減され、探究学習における教員たちの協働につながっていました。

　他にも、教員間の意識を寄り合わせ、協働を生む方向に作用するロジックとしては、探究学習が学校の目標としてオフィシャルに位置付けられ、管理職から周知されるといった「正統性ロジック」、多少の意識の差異はあっても教員組織としての一体性を重んじる「協働ロジック」、探究学習と社会との関連性や社会での重要性を外部講師などからの働きかけによって認知していく「社会ロジック」が確認されました。

　「指導ロジック」から「伴走ロジック」へのロジックの転換のみならず、こうした複合的なロジックが、教員の協働を支える仕組みとして作用し、新たな実践を生み出しているといえます。

　一方で、本章では、紙幅の制約から触れられなかったが、そもそも教員が多忙であるために探究学習に向き合う余裕が少ないことや、探究学習と進路選択が本来関係してもいいのに全く別物になっている、といった課題を指摘する語りも見られました。

　本章は、X市の2つの高校の事例のみに基づくものです。探究学習の教育現場におけるロジックの変容・再構成は、学校によって多様であり、また、経年や成熟度によって、変換していくものであるとも考えられます。こうした点は、引き続き、考えていく必要があるでしょう。

（松村智史）

第7章

生徒のやる気を高めるためには？
──探究学習による格差の拡大は防げるのか──

第1節　生徒のやる気を高めるといわれても

　結論から述べますと、探究学習へのすべての生徒のやる気を高めることは、実際のところ難しく、可能ではないのではないかと考えられます。特に、探究学習にて、「やらされ探究」という言葉が使われ、生徒の動機付けの問題が取り扱われるのは、探究学習の内容や方法と位置付けに関連する理由があります。探究学習では、生徒の興味関心に応じて、教科横断的に学びを深める行為が求められます。これは、いわゆる、デューイ（1915＝1957）が示したような、子どもの生活を踏まえつつ、興味関心に即して行われる、民主主義社会への参加につながる学習活動であるといえます。そこでは、経験や活動を通して、他者と協働しながら、社会における問題を発見し、探究し、解決の方法を探ることが重視されます。これらは、デューイを研究する上野（2022：19）が「探究とは、私たちが「疑念」を取り除いて信じる状態に至ろうともがくことであり、その目標は理由や根拠をもって「信念」を安定させることにある」と述べるように、相当に追究する姿勢を必要とします。その過程で、アカデミックな知の獲得やその活用および更新が行われます。それゆえ、デューイは、教科における知識やスキルの獲得を探究的な学びの過程にとって重要な事柄として位置付けています。

　ここからは、生徒にとって、生活を踏まえた興味関心をどう見出すのかという、探究学習活動自体への動機付けのみならず、生徒の生き方や生をそのものに関連する問いを立てる壮大な作業が必要であることがわかります。その上で、机上の学習活動に加えて、経験や活動、および他者との協働を通して解を模索

するという、これまでの学校教育や活動からの価値転換を図ることが要請されます。というのも、従来の学校での学習では、机上での学びが主となり、経験や活動は付随するものであり、なおかつ他者との協働はグループ活動で求められるものの、それが基本的なスタイルではないからです。上野（2022）は、デューイを参照しつつ、活動的な作業の中で仲間を助ける行為は、相手の力を自由に発揮させ、やる気を引き出す援助であると述べ、それが自然で常時なされる学びである点に言及しています。つまり、探究学習とそれ以外の学習では、学びの基本的な捉え方が異なっているのです。さらに、生徒には、アカデミックな知やスキルを活用しながら、自己の信念を安定させるほどの相当な集中力と追究力をもって、社会参加をするという至上の学びが求められます。

　これらは、本来的な学びのあり方かもしれませんが、生徒にとっては、これまでに少しは経験してきたものの、そこに大きく価値を置いて主たる学びのあり方として提示されてきたものではありません。また、デューイが上記の学びを提唱した社会状況と現代のそれとは大きく異なるため、グローバル化、多様化、複雑化した現代社会を自身の生活と関連付け、その全体像を捉えるのは、誰にとっても難しい課題となります。そのため、生徒が改めて自分の生を問われても、どう考えれば良いのかわからず、それと関連した社会問題といわれても見えてこないのが現実だと思われます。また、経験や活動や仲間の援助を基本的な学習スタイルとするにはどうすればいいのか右往左往するしかないところもあります。つまり、やる気がわかないというよりも、学校教育の制度上の問題があり、生徒自身が戸惑っている状況に近いのかもしれません。

　また、アカデミックな知の獲得とそれによる大学進学を目指してきた生徒は、探究学習自体の価値を見出すことができない状態に陥っている場合もあります。この層は、他の教科等の学習では、学歴達成のために、意欲をもって学習に取り組んでいる層であると思われます。そのため、教師から見ると、やる気を引き出す必要はそれほどなく、その点に関しては手間のかからない生徒であるといえます。しかしながら、探究学習となると、教科等の学習に意欲を持てていなかった層に加えて、この層の意欲が減退するのであれば、教師は、総じて生徒の意欲を高めるのが難しい局面にさらされることとなります。しかも、探究

学習が上述した特徴を持つ上に、子どもの興味関心に応じて主体的に問題を発見し解決する活動であるならば、やる気から始まる学びであるのに、やる気が見られず、教師が誘導さえしなければならない矛盾と葛藤に苛まれることになります。ここには、入試制度の問題も関連してきます。

　さらに、よりよい社会づくりのために、社会問題の発見と解決に大人がどれほど取り組んでいるのかと問われると、大人ですらやる気を高めるのは難しいという捉え方もできます。アメリカにおいて、大人の社会参加の低下が民主主義の危機を惹起しかねない点についてソーシャル・キャピタルに関する研究から示されてきました（パットナム 2000＝2006）。同時に、それがグローバルに共通する現象であることも明らかにされ（パットナム 2013等）、民主主義の進展のために大人の社会参加をいかに高めるのかが世界的な課題になっています。

　これらを踏まえると、生徒のやる気が高まらない背景には、教育制度上の問題や、グローバルな民主主義の課題と連動する探究学習の有する特質があり、「生徒のやる気を高めるといわれても」と悩むのは当然のことであると思われます。そのため、生徒のやる気を高めることを目標にするのではなく、探究学習を通じて、生徒がこれまでとは異なる捉え方をすることができたり、今日のワークはおもしろかったなと少しでも思える経験を積めたりすれば十分なのではないかと考えられます。そうした学びの総体として、高校在学中でなくとも、卒業後に結果的に生徒のやる気が高まり、社会参加をできるときにはしてみてもいいかなと思えることが重要になるのではないかと思われます。唐木は、サービスラーニングと社会参加について議論する中で「個人は参加すればするほど、より有能に参加するようになる」（唐木 2010：36）と述べます。ここからは、事後的に生じる教育の作用に目を向け、将来の社会参加の契機となる経験を現在に提供すること自体が大切であるように思われます。

　ただ、一方で、生徒のやる気を高めるための布石を打つことは必要です。というのも、探究学習における社会参加の経験は、民主主義社会における参加の格差を縮小させる要因となるためです。具体的には、社会経済的条件によらず、身近な参加の場や経験があれば、人々は社会参加しやすくなるということが明らかにされているからです（猿渡 2015等）。加えて、社会経済的要因による子ど

もの学びの質の差の拡大を抑制する必要があるからです。すでに高校は偏差値に沿った学力でランク付けされ、高偏差値の学校には SSH や SGH の指定がなされる場合があり、それを担う教師が配置されていたりします。学力によって子どもの学ぶ内容が異なる問題はアメリカの教育活動を事例にすでに指摘されており（古田 2021）、高偏差値の学校でアカデミックな学力とともに充実した探究学習がなされる場合、社会経済的要因による学びの質の差は広がる懸念があります。これらを踏まえると、社会経済的に下位層の生徒の探究学習を充実させつつ、すべての生徒の探究学習への取組を促進させる教師の役割や働きかけは重要であると言えます。そのため、以下では、生徒のやる気を高めるために創意工夫をしている進路多様校の実践を取り上げて検討します。

第2節　生徒のやる気を高める実践事例

　実践事例として、大阪府と京都府にある3つの進路多様校の探究学習を取り上げます。3校に共通する生徒の特徴は、いわゆるリーダー層がそれほど入学しておらず、探究学習で活用するための知識やスキル、および社会問題を鋭く捉えるための認識を十分に有しているわけではありませんが、教員が何か働きかけるとそれに応じようとはするところにあります。しかしながら、働きかけを少し違えると、学習活動から気持ちが離れやすい状態にあります。（　）内は、各校で探究学習のカリキュラムづくりと実施を担当し、インタビューに応じてくださった教師名を記しています。「　」内は、教師の発言です。インタビューは、2022年3月〜2023年4月に行い、1人30分〜1時間30分程度実施しました。それらを用いて作成した逐語録、探究学習カリキュラム等の資料、および教師が作成した授業記録を整理し、以下に記述します。

1　大阪府教育センター附属高等学校（普通科単位制：池田径指導教諭）
　大阪府教育センター附属高等学校は、大阪府教育センターと連携し、大阪の教育を先導するナビゲーションスクールとして2011年4月に設立されました。そこでは、教科のカリキュラムのほか、探究ナビといった科目を配置し、実生

活で課題を解決する力を育成し、社会に貢献できる生徒を育てるための新たな学びを創造する学校づくりが目指されています。そのため、開校当初から探究学習が行われていたものの、2017年に赴任した当時は、子どもだけではなく教員間にも探究学習に対しての温度差があったと池田先生は述べます。つまり、「やってる子はやってるけど、適当にやってる子もいるし、やってない子もいる」し、教師も「やってる人はやってるけど」という状態であったといいます。そんなある日の放課後、池田先生は、子どもの机に「探究って何なのか探究したい」という落書きを見つけたそうです。その時に、「何で探究やってるか、何でこんな授業やらされてるか、わからないからやる気がでないんやろうな」と考えたことをきっかけに、「そういうことをなくしたいと思い、探究に関わろうと逆に決めた感じなんです。探究って何かという問いに答えたいと思って」と話します。

　ここからは、すべての子どもがやる気のない状態なのではなく、やる気の程度が異なっていて、同様に教師にも探究学習への取組の温度差という形で実践の程度に異なりが現れていた点を読み取れます。そして、子どものやる気がない背景に、その学習に意味を見出すことができていなかった状況があります。それゆえ、池田先生は、探究とは何かという深い問いに答え、子どものやる気を高めるために、以下の取組を行っています。

　1つ目は、探究学習を実施する理由やそこにある問題意識を生徒と共有するようにしています。具体的には、教育の今日的課題を生徒と教師が共有し、生徒自身が社会の変化や自己の将来と関連付けて、他者に説明できるようにしています。例えば、学校と社会のギャップとして、「学校では与えられた課題や答えが決まっている課題をひとりで黙々と解く形ですが、社会では、課題を自ら見つけなければならず、答えも多様で、みんなで話し合って解かないといけない」と伝え、生徒自身が理解し解釈できるようにします。また、新学習指導要領では新しい時代に必要となる資質・能力として、学びに向かう力や人間性の涵養等が設定されていることを学びます。つまり、教師だけが学習指導要領を読んだり、研修等を受けたりして、探究学習の意義や問題意識を把握するのではなく、それと同様のことを生徒に対しても実施しています。そして、生徒

が探究学習の「意味がわかってしたくなる」ように取り組んでいます。

　2つ目は、探究学習における主体的、対話的で深い学びの実現のためにも、コミュニケーションをとれる状況を作るようにしています。というのも、生徒間にはすでに力関係があったり、話し合いや発表への得意・不得意があったりするからです。そのため、池田先生をはじめとして先生たちで考案したアイスブレイクをいくつも行い、生徒の人間関係を再構築するところから始めています。そこでは、生徒をコミュニケーションへと追い詰めないことに留意し、全員に居場所がある集団づくりを行うところから、安心してコミュニケーションや学習活動に参加できるようにしているそうです。

2　大阪府立大阪ビジネスフロンティア高等学校（商業科：阪田朋美教諭）

　大阪ビジネスフロンティア高校のグローバルビジネス科（1学年240名定員）（2012年4月設立）は、大阪の新産業創造を担い、起業の精神にあふれ、高度な専門性を備えた国際社会で活躍する人の育成を目指しています。そのため、探究学習では、英語や数学といった普通教科以外に、ビジネス基礎、ビジネスマネジメント、簿記、会計、情報処理に関する科目で学んだ知識やスキルを活かして、生徒が原価計算等もすべて行いながら商品を開発し、販売する実践型探究学習を行っています。

　本校では、探究学習の時間が各学年週3単位設定されており、受験勉強をしたい生徒にとっては、それ自体が「ストレスみたいなんです」と阪田先生は語ります。また、高校入学当初は、「先生の話を聞いてノートを取って勉強する方が楽」という生徒が多くいるそうです。この理由として、「慣れない環境下で、自分の意見を積極的に主張することへの躊躇やコミュニケーションの難しさを生徒が感じてしまい、グループワークに活力を見出せていないからではないか」と阪田先生は話します。ここには、上述したように入試制度の問題と、これまでの学習活動で探究的な学びをあまりすることができなかったために惹起される学びの意味や学び方への生徒の戸惑いや理解不足があるように思われます。

　そのため、生徒のやる気を高めるために以下の取組を行っています。1つ目

は、探究を学ぶ意義や目的を最初のオリエンテーション時に示すことです。具体的には、「未来を予想することが困難な時代の中、変化に対応していける人材が必要となっているからです。自分自身が課題に対する問いを立て、その問いに対する答えを自ら導き出す学習方法は、学び方を身に付けることができます。学び方を身に付けた生徒は、知識詰め込み型から脱却し、受験勉強も含めた学力の向上・学習意欲の向上・進路実現に向けて主体的に行動するようになるといわれています。この理由は、生徒自身が学ぶ楽しさや自己の成長を感じることができ、学習効果の満足度を得ることができるからだと考えています」と伝えています。これを受けて、生徒たちは、初回オリエンテーションの事後レポートで以下のように記しています。

- オリエンテーションを通して今まで以上に頑張ろうと思った。
- この授業で、時代の風潮を知り、新しい情報を得て物事を多角的に捉える力を身に付けることができると思った。
- 自分の考えをアウトプットし、人に理解してもらえるよう自分の意見を相手にわかりやすく伝えるようになりたい。

また、これまでの学習を振り返り、以下のような振り返りも行っています。

- 受け身ばかりで人の意見を聞いているだけでは成長できない。
- 自分の意見を発言する事が苦手で聞くばかりだったが、グループワークでしっかり発言して自己成長をめざす。
- 苦手と避けず、人前で発表することが楽しいと思えるようになりたい。
- 自分の考えをわかりやすく伝えることを頑張る。
- 自分の意見をいうばかりでなく、周りの意見を引き出せるようになりたい。
- この一年の授業がとても楽しみです。

生徒のこのような意見から、探究学習の学びの意義や目的を伝えることの大切

図Ⅱ-7-1　生徒が作成したマフィン販促用ポスター

さを再確認することができたそうです。

　2つ目は、生徒のやりたいことを可能な限り「形」にできるように支援することです。そのために、商品開発と販売に際して企業に協力してもらったり、学ぶ意義や目的を大学生との交流の中で深めたりしています。2022年度の3年生は、クラス対抗で「バズる！マフィン」の開発と販売に取り組みました。その過程では、生徒がマフィンの生地やトッピングを選択して原価計算を行ったり、売り上げ個数の予測等の数値分析から販売価格を決定したり、マーケティングの実施による販売促進について考えたりしました。そのため、これまで学習した教科や科目に関する知識やスキルを活用した、「実践型探究学習」が可能になったと阪田先生はいいます。特に、マーケティングでは、「作りたいも

Greenberry'sCOFFEE ✕ OBF
キャラメルキャロットマフィン
CaramelCarrotMuffin

11月16日(水)〜22日(火)の1週間、天王寺のあべのキューズモール内にあるグリーンベリーズコーヒーさんで
3年5組が企画したキャラメルキャロットマフィンを販売することになりました。
人参パウダーでしっとり、野菜嫌いでも食べられる、おいしいマフィンに仕上がっています。
文化祭で20個限定販売したところ、7クラス中どのクラスよりも早く売り切れました。
生徒や保護者の方々しか購入することができなかったマフィンがどなたでも購入できるチャンスです！
1週間のうち17日〜19日の3日間は実際に3年5組の生徒が店頭に立って販売します。
ぜひグリーンベリーズコーヒーあべのキューズモール店にてお買い求めください！

図Ⅱ-7-2 生徒が作成したマフィン販促用 SNS 記事

のではなく売れるもの」、つまりお客さんのニーズを満たすことを考えたそう
です。そして、企業との連携では、マフィンを焼くまでの制作を体験したり、
実店舗販売で店頭に立ち、接客を体験したりしました。また、生徒が商品名、
コンセプト、キャッチコピーを考えてポスター（図Ⅱ-7-1）や SNS 記事（図Ⅱ
-7-2）を作成しました。

　この結果、年度末の学びの振り返りアンケートでは、「よく学ぶことができ
た」が92.9%、「変わらなかった」が7.1%、「学びにつながらなかった」が0
%で、「生徒が学習効果を実感できた」と阪田先生は話します。また、ある生
徒は「このような企業さんとの共同開発はなかなか実現できないことで、貴重
な経験だったと実感しています。みんなで案を出し合った商品が店舗に陳列さ

れることがとても嬉しくて、待ち望んでいました。また、今回はクラス対抗で戦っているため、協力して作り上げた商品が売れるとより達成感を味わえ、次の学習がとても楽しみになりました」との感想を書いています。このような実践的な活動を行う中で、学年が上がるにつれてやる気のない生徒の数は減り、探究学習を「面白くなっていった生徒がほとんどですね」と阪田先生は述べます。

3　京都府立須知高等学校（普通科：辻垣晃一教諭）

　須知高校は、蒲生野農学校（京都府農牧学校）を前身とする、京丹波町唯一の高等学校です。普通科（地域探究コースと文理進学コース：2022年度開設）と食品科学科があります（普通科60名、食品科学科30名）。「地域から信頼される学校づくり」を目指して、地域と連携した探究学習として「京丹波学」に取り組んでいます。「京丹波学」では、生徒が町の歴史等の地域資源の魅力を理解するとともに、町の抱える少子高齢や過疎問題の解決と地域活性化の方策について提案できるようになることを目標としています。

　まず、探究学習に対する生徒の取組状況は以下のようであったといいます。本校では、2014年度より探究活動が実施されていました。ただ、それは授業ではなく、希望者が行う活動であったため、「やる気もあり取り組みやすかった」と辻垣先生は述べています。その後、新学習指導要領になり、2019年から1年生の授業として取り組み始めたところ、生徒は受け身であり、京丹波のことを知る学習では、「へえ、と聞くだけで終わり」というような状態であったといいます。2年生になり、自分たちでテーマを決めるところに辻垣先生が難しさを感じたため、防災と食と文化というテーマを設定してみました。生徒たちは、それなりにがんばって活動をしていましたが、やはりやる気を引き出しにくく、2022年度の2学期からは生徒たちでテーマ選択をするようにしました。その中で生徒たちは機嫌良く活動していたものの、「これでいいで終わっちゃうんです、これがいいじゃなくて」という状態だったそうです。例えば、辻垣先生が生徒に対して「役場の人のところにもちょっと行ってみたら？　どういう状況か新しい視点が得られるかもしれんよ」と提案すると「(生徒は)『いや、そん

なん別にいいです』みたいな感じ」であったり、「これちゃんとやっていったら社会動かせるよ」というと「（生徒は）『いや別に。困りませんけど』みたいな感じなんです」と述べています。

　ここからは、「やらされ探究」という現象は、すべての生徒が受講しなければならない授業として設定されるところから始まっているのがわかります。ただ、辻垣先生の言葉からは、生徒たちが必ずしも全くやる気のない状態ではなく、受け身ではあるものの、それなりにがんばっていたり、取り組んでいたりする様子を見て取れます。しかしながら、「これでいい」というように、生徒が教師の設定を超えて自身で探究を進めたり、さらなる問いを模索したり、解決策を見出したりしようとする姿勢ではないことが読み取れます。つまり、理由や根拠を追究したり、そのためにもがいたりする状態には至っておらず、社会参加の必要性やその意義自体を理解できていない状況であったと捉えられます。

　ただ、そうした状況の背景に、テーマや問いを立てる難しさや、「結局ゴールがないから目に見えないものをやりたいと思わせにくい」という見通しの不透明さを有する探究学習の特性があると考えた辻垣先生は、それを乗り越えて生徒が意欲的に活動するために、以下の取組を行っています。1つ目は、教員による生徒への継続的な寄り添いや伴走の量と質を高めることです。そのために、「今度発表会あるらしいよ、頑張れよ」という励ましや「お！　いいね！　いいところに気づいたね」という承認を様々な教師がいるところで行えるような探究学習を推進する校内体制を整えつつあります。まずは、管理職・教務部長・農場部長・探究担当の辻垣先生で探究推進会議を行い、その内容を教職員に共有しながら、探究学習への教師自身の抵抗感を減らし、生徒の活動への理解と支援を図りつつあります。そして、生徒には「この授業は皆さんが楽しむ時間です」と伝え、生徒が「わちゃわちゃ」しゃべる状況を大切にしています。また、「ふざけた発言が面白い視点だったり」すると語り、独創的な提案や想いを受け止め、発展させようと試みています。同時に、探究を教師自身が楽しみ、それが伝わるように心がけています。

　2つ目は、探究学習の成果をまち全体で共有し、まちづくりの契機にするこ

とです。探究学習の成果発表会には中学生や地域住民（PTA 会長や同窓会長）、小中学校長をはじめ、全議員が出席します。また、町には、上記地域住民、教職員、行政職員、議員、町長等からなる「須知高等学校教育活性化推進協議会」が設置されています。町自身が人口減少等の課題に切実に悩み糸口をなかなか見出せずにいる状態の中で、生徒の学びや活動に大きな期待が寄せられており、この協議会を基盤に学びへの支援が行われています。このようにサポート体制が充実しているため、生徒の提案がまちづくりに直結する利点を活かし、議会に提言するなど社会づくりに実質的に参加できるようにしています。そこでは、町がすでに検討している課題解決だけではなく、見過ごしている課題を発見することも成果として位置付けています。

第3節　生徒のやる気を高めるためのポイント

　上記の実践事例から、生徒のやる気を高めるために、以下の4つの取組を行っていることがわかります。1つ目は、探究学習の意義やその学習が必要な理由を生徒と共有することです。そこでは、生徒はこれからの社会を創る対等な担い手として位置付けられ、教師が学ぶ内容と同様のものが提示されていました。2つ目は、教師からのあたたかな承認や励ましのある環境、あるいは生徒同士のあたたかな関係を作ることです。その中で、生徒が様々な思いや考え、あるいは声を出しやすくしていました。3つ目は、生徒の探究学習が実践的な活動になるよう、企業や大学、行政と連携して支えることです（第Ⅱ部第5章参照）。そこでは、学びが生徒の生活とつながるように、つまり、教科や科目で学んだ知識やスキルを活用して社会参加できるようにしていました。そして、他者のニーズの充足という、他者とともに生きるための公正な共生社会づくりに目を向けられるように促していました。4つ目は、教師自身のやる気が高まり、それが生徒のやる気を促すよう工夫することです（第Ⅱ部第6章参照）。

　鹿毛（2007：15）は、人が「自ら学ぶ」とき、何らかの「こだわり」をもっていると指摘します。そして、子どもの意欲には、「内容こだわり型意欲」や「関係こだわり型意欲」があると述べます。「恐竜のことを知りたくて」といっ

た学ぶ対象・内容にこだわるからこそ意欲が引き出されるのが前者で、「あの
先生が好きだから」「友達ががんばっているから」自身もがんばろうと思うの
が後者です。探究とは「もがくこと」であり「信念を安定させること」と上述
しましたが、意欲をもつことが「こだわり」の追究であるとすれば、やはり探
究にはすでに意欲の要素が含まれていると考えられます。つまり、主体的に追
究する行為をそもそも内包させているのが探究学習です。したがって、探究学
習へのやる気を高めるというのは、１節で述べたところと重なりますが、生徒
が探究を経験できるようにすることと言い換えられます。

　２節で紹介した先生方は、生徒が探究を経験するために、生徒が「こだわ
る」ことのできる要素をいくつも準備していたと考えられます。そもそも探究
の必要性を感じてそこにこだわれるように、その意義や価値を伝え、内容にこ
だわれるように学外と連携し、関係にこだわれるように校内体制や生徒の関係
づくりや教師のやる気を引き出せる環境を整え、社会や自分の活動にこだわれ
るように実践型の探究学習を行っていました。他者のニーズの充足は、関係と
も実践とも通じるこだわりに相当します。学びは、「あれ？」と思ったり、「そ
うなのか」と納得したりする中で、自分の思いや考えが少し揺り動かされると
ころから始まります。少し揺り動かされたものが気になって次第にこだわりに
行き着くのかもしれず、そのプロセスについて詳述できませんが、やる気を高
める取組としては、様々な「こだわり」ポイントをいたるところに作ることが
なされていたと言えます。

　このこだわりは、好きなものとも捉えられますが、嫌いなものも含意し、と
にかく「勉強させられるのが嫌で何もしたくない」というのも含まれます。ま
た、何のこだわりも持たないというのも、一つのこだわりとなります。こうし
たこだわりに目を向け、生徒がどこかにこだわれる状況を作り出すことが、
「やらされ探究」を減らす一つの方法かもしれません。一方で、権力から反復
して長期間なされる呼びかけが失敗したときに人は主体となるというバトラー
(1997＝2019) を援用すると、教員が絶えず作るこだわりポイントが失敗するこ
とによってこだわりが生まれるかもしれません。そう考えると、教職は失敗を
願いながらやる気を高めるよう工夫し続けるしかない職業であるとも言えます。

したがって、教師には、「生徒のやる気を高めるといわれても」、やる気を高められないことを前提とし、その取組が失敗することで主体化されるというアイロニカルな事態にこだわりをもって取り組むことが求められていると考えられます。

参考文献

上野正道（2022）『ジョン・デューイ』岩波書店。

鹿毛雅治（2007）『子どもの姿に学ぶ教師』教育出版。

唐木清志（2010）『アメリカ公民教育におけるサービス・ラーニング』東信堂。

猿渡荘（2015）「ボランティア活動への参加をもたらすもの」同志社大学社会学会『評論・社会科学』114、35-51。

古田雄一（2021）『現代アメリカ貧困地域の市民性教育改革』東信堂。

Butler, J. (1997) *The Psychic Life of Power,* Stanford University Press (J. バトラー『権力の心的な生』佐藤嘉幸・清水和子訳、月曜社、2019年).

Dewey, J. (1915) *The School and Society,* revised edition (J. デューイ『学校と社会』宮原誠一訳、岩波書店、1957年).

Putnam, R. (2000) *BOWLING ALONE,* Simon & Schuster (R. パットナム『孤独なボウリング』柴内康文訳、柏書房、2006年).

Putnam, R. (2013)『流動化する民主主義』猪口孝訳、ミネルヴァ書房。

（柏 木 智 子）

おわりに

　探究学習研究会は、2021年2月に立ち上がりました。COVID-19を契機に、教育の有り様が大きく変わろうとする胎動を感じ、改めて、公教育とは何か、学びとは何かを探究学習を通じて考えることが目的でした。

　研究会を重ねるうちに、メンバーの特徴として、当たり前を問い直し、目の前の事象を相対化する視点を強く有していることがわかってきました。よくいうと、多角的に深く考えようとする、悪くいうと、一筋縄ではいかないという状況でした。また、それをわかりやすく楽しみながらお互いに伝え合うというのも2つ目の特徴でした。そのため、和気藹々としながらも、深い議論が続き、2時間の研究会は毎回あっという間にすぎました。また、私以外は、若手・中堅の勢いのある研究者ばかりで、私自身の学ぶところが多かったというのが実際です。そして、発想豊かで、気持ちよく動くメンバーのおかげで、本書の刊行が実現しました。メンバーに感謝すると同時に、本書が皆様のお役に少しでも立つことができましたら幸いです。

　本書の刊行に際し、まずは、常日頃よりご指導とご支援をいただいております皆様に全てのメンバーより深謝申し上げます。続きまして、本書の調査等でご協力を賜りました方々に厚くお礼申し上げます。先生方、生徒の皆様、保護者や地域の方々、関係者の方々に多くのご助力をいただきました。最後に、出版に際してお力添えをいただきました、晃洋書房の山本博子さんをはじめ出版作業を行ってくださった方々に感謝の意を表したいと思います。

　今後は、改めて初心に戻り、公教育の意義や学びの有り様について議論を深めていきたいと考えております。本書の内容についてご質問やご感想をお寄せいただける場合や本研究会に関心をもたれた場合は、柏木智子 k-tomoko@fc.ritsumei.ac.jp までご連絡いただけましたら幸いです。今後ともご指導ご鞭撻のほど、よろしくお願い申し上げます。

　2023年7月

　　　　　　　　　　　　　　　　　　　　　　　　柏 木 智 子

《執筆者紹介》（執筆順、＊は編著者）

＊村松　　灯（むらまつ　とも）［第Ⅰ部第1章］
　　帝京大学宇都宮キャンパスリベラルアーツセンター講師
　　東京大学大学院教育学研究科博士課程単位取得退学。博士（教育学）。
　　主な業績：『「未来を語る高校」が生き残る──アクティブラーニング・ブームのその先へ』（共編著、
　　学事出版、2019年）。『ポップカルチャーの教育思想──アカデミック・ファンが読み解く現代社会』
　　（共著、晃洋書房、2023年）。

＊荒井英治郎（あらい　えいじろう）［第Ⅰ部第2・4章］
　　信州大学教職支援センター准教授
　　東京大学大学院教育学研究科博士課程単位取得退学。
　　主な業績：『新版　教育と法のフロンティア』（共編著、晃洋書房、2020年）、『教育と教職のフロン
　　ティア』（共編著、晃洋書房、2021年）。「総合的な探究の時間における高大連携の効果の検討」（共
　　著『日本教育工学会論文誌』47(1)、47-61、2023年）。

＊清水優菜（しみず　ゆうの）［第Ⅰ部第3・4章、第Ⅱ部第4章］
　　国士舘大学文学部講師
　　慶應義塾大学大学院社会学研究科後期博士課程単位取得満期退学。
　　主 な 業 績："Learning Engagement as a Moderator between Self-Efficacy, Math Anxiety,
　　Problem-Solving Strategy, and Vector Problem-Solving Performance" (*Psych*, 4(4), 816-
　　832, 2022).「総合的な探究の時間における高大連携の効果の検討」（『日本教育工学会論文誌』47(1)、
　　47-61、2023年）。

＊田中智輝（たなか　ともき）［第Ⅱ部第1章］
　　山口大学教育学部講師
　　東京大学大学院教育学研究科博士課程単位取得退学。博士（教育学）。
　　主な業績：『ワークで学ぶ道徳教育［増補改訂版］』（共著、ナカニシヤ出版、2020年）。『学校が「と
　　まった」日』（編著、東洋館出版社、2021年）。『記憶と想起の教育学』（共著、勁草書房、2022年）。

＊古田雄一（ふるた　ゆういち）［第Ⅱ部第2章］
　　筑波大学人間系助教
　　筑波大学大学院人間総合科学研究科博士後期課程修了。博士（教育学）。
　　主な業績：『現代アメリカ貧困地域の市民性教育改革──教室・学校・地域の連関の創造』（東信堂、
　　2021年）。『校則が変わる、生徒が変わる、学校が変わる──みんなのルールメイキングプロジェク
　　ト』（共編著、学事出版、2022年）。『世界に学ぶ　主権者教育の最前線──生徒参加が拓く民主主義
　　の学び』（共著、学事出版、2023年）。

＊大林正史（おおばやし　まさふみ）［第Ⅱ部第3章］
　　鳴門教育大学大学院学校教育研究科准教授
　　筑波大学大学院人間総合科学研究科3年制博士課程ヒューマン・ケア科学専攻修了。
　　主な業績：「学校運営協議会の導入による学校教育の改善過程──地域運営学校の小学校を事例とし
　　て」（『日本教育行政学会年報』(37)66-82、2011年）。『学校運営協議会の導入による学校教育の改善
　　過程に関する研究』（大学教育出版、2015年）。

近藤千恵子 (こんどう　ちえこ) [第Ⅱ部第3章]

　2019年より2年間、現職院生として鳴門教育大学教職大学院で学び、置籍校の課題である「生徒の主体性の育成」に取り組む。現在は、徳島県公立中学校教諭として、総合的な学習の時間において、「人権と防災」をテーマに、大学院での学びを生かし、教育活動を行う。

＊武井哲郎 (たけい　てつろう) [第Ⅱ部第5章]

　立命館大学経済学部准教授

　東京大学大学院教育学研究科博士課程単位取得満期退学。博士（教育学、東京大学）。

　主な業績：『「開かれた学校」の功罪――ボランティアの参入と子どもの排除／包摂』（明石書店、2017年）、『不登校の子どもとフリースクール――持続可能な居場所づくりのために』（共編著、晃洋書房、2022年）。

石田憲彰 (いしだ　のりあき) [第Ⅱ部第5章]

　教職歴15年目。学生時代に地理学で地域経済の発展について考察を深めた。2018年より京都府立峰山高等学校において探究企画部長を務め、地域と連携した探究活動の展開に携わった。現在は他校へ転出して探究活動にも授業担当者として関わる。

能勢ゆき (のせ　ゆき) [第Ⅱ部第5章]

　2017年に神戸女学院大学を卒業後、㈱東京プライズエイジェンシーへ入職、天狼院書店京都店にて書店員をしながら、記事の執筆や企画運営に携わる。2020年3月より、京丹後市に移住をし、京都府立峰山高等学校にて地域コーディネーターを務める。また「高校生と地域の人の交流拠点」がコンセプトの施設、京丹後市未来チャレンジ交流センター「roots」の相談員も兼任。高校生の視野と選択肢を広げるべく、学校の枠を越えた地域での伴走支援に奮闘中。

＊松村智史 (まつむら　さとし) [第Ⅱ部第6章]

　名古屋市立大学大学院人間文化研究科准教授

　首都大学東京人文科学研究科博士後期課程修了。博士（社会福祉学）。

　主な業績：『子どもの貧困対策としての学習支援によるケアとレジリエンス――理論・政策・実証分析から』（明石書店、2020年）。「子どもの貧困とヤングケアラー――権利擁護の観点から」（『子ども学』11、2023年）。など

＊柏木智子 (かしわぎ　ともこ) [本書の目的と特徴、第Ⅱ部第7章、おわりに]

　立命館大学産業社会学部教授

　大阪大学大学院人間科学研究科博士後期課程修了。博士（人間科学、大阪大学）。

　主な業績：『子どもの貧困と「ケアする学校」づくり――カリキュラム・学習環境・地域との連携から考える』（明石書店、2020年）。『貧困・外国人世帯の子どもへの包括的支援――地域・学校・行政の挑戦』（晃洋書房、2020年）。『子どもの思考を深めるICT活用――公立義務教育学校のネクストステージ』（共編著、晃洋書房、2023年）。

「探究学習」とはいうけれど
──学びの「今」に向き合う──

2024年1月20日　初版第1刷発行	＊定価はカバーに 　表示してあります

	探究学習研究会
	清　水　優　菜
	村　松　　　灯　輝
	田　中　智　輝
編著者	荒　井　英治郎 ©
	大　林　正　史
	松　村　智　史
	古　田　雄　一
	武　井　哲　一郎
	柏　木　智　子
発行者	萩　原　淳　平
印刷者	江　戸　孝　典

発行所　株式会社　晃　洋　書　房

〒615-0026　京都市右京区西院北矢掛町7番地
電話　075 (312) 0788番(代)
振替口座　01040-6-32280

装丁　吉野　綾　　　　印刷・製本　共同印刷工業㈱
ISBN978-4-7710-3788-5